기도하면 달라진다

기도하면 달라진다

지은이 | 이인호
초판 발행 | 2021. 8. 25
8쇄 발행 | 2024. 7. 8
등록번호 | 제1988-000080호
등록된 곳 | 서울특별시 용산구 서빙고로65길 38
발행처 | 사단법인 두란노서원
영업부 | 2078-3333　　FAX | 080-749-3705
출판부 | 2078-3331

책값은 뒤표지에 있습니다.
ISBN 978-89-531-4047-9 03230

독자의 의견을 기다립니다.
tpress@duranno.com　　www.duranno.com

두란노서원은 바울 사도가 3차 전도여행 때 에베소에서 성령 받은 제자들을 따로 세워 하나님의
말씀으로 양육하던 장소입니다. 사도행전 19장 8-20절의 정신에 따라 첫째 목회자를 돕는 사역과
평신도를 훈련시키는 사역, 둘째 세계선교(TIM)와 문서선교 (단행본·잡지) 사역, 셋째 예수문화 및 경배
와 찬양 사역, 그리고 가정·상담 사역 등을 감당하고 있습니다. 1980년 12월 22일에 창립된 두란
노서원은 주님 오실 때까지 이 사역들을 계속할 것입니다.

기도하면
달라진다

성숙한

신앙을 위한

12가지

기도 훈련

이인호 지음

두란노

목차

기도하면 들으십니다

성경에는 기도에 대한 참 놀라운 말씀들이 있습니다. 그중에서도 제가 참 좋아하는 약속은 주님이 나의 기도하는 음성을 들으신다는 말씀입니다. "여호와께서 내 음성과 내 간구를 들으시므로 내가 그를 사랑하는도다"(시 116:1).

저는 기도할 때마다 이 구절을 기억합니다. 그래서 기도할 때 조그맣게라도 입술을 열어 음성으로 기도합니다. 아무도 방해하지 않는 시간과 장소에서 조용히 하나님 아버지를 부르면 어느덧 하나님의 임재하심을 경험합니다. 부모는 자녀의 음성에 귀를 기울이고, 부르면 달려옵니다. 마음으로 텔레파시를 보내면 엄마가 달려오나요? 아닙니다. 소리 내어 불러야 옵니다. 기도도 그렇습니다. 묵상하고 생각하는 것도 중요하지만, 입술을 열어 부르는 것이 기도의 시작입니다. 말이 우리 마음을 표현하기 때문입니다. "내가 내 음성으로 하나님께 부르짖으리니 내 음성으로 하나님께 부르짖으면 내게 귀를 기울이시리로다"(시 77:1).

더 나아가서 우리는 부르짖어야 합니다. 자녀가 부르짖으면 부모는 황급히 달려옵니다. 성경을 보면 대다수의 기도에 부르짖었다는 표현이 쓰였습니다. 주의 백성이 부르짖을 때 하나님이 위기에서 건져 주셨습니다. 무력한 아이에게 울음소리가 무기이듯, 무력한 우리에게는 부르짖음이 무기입니다. 문제가 클수록, 위기가 클수록, 두려움이 클수록 하나님에게 부르짖으십시오. 주님이 달려오십니다. "너는 내게 부르짖으라 내가 네게 응답하겠고 네가 알지 못하는 크고 은밀한 일을 네게 보이리라"(렘 33:3).

'크고 은밀한 일'은 하나님이 감추어 놓으신 계획입니다. 우리의 고난에는 하나님의 섭리가 있습니다. 그것이 언제 나타날까요? 바로 부르짖어 기도할 때입니다. 구원받은 성도는 누구든지 하나님의 축복의 약속을 받았습니다. 그런데 그 약속이 실현된 사람과 아직 하늘에 있는 사람이 있습니다. 기도가 그 둘을 나눕니다. 그러므로 신자의 삶의 승부는 기도에 달려 있습니다. 기도는 고난의 세상을 살아가는 신자에게 하나님이 주신 엄청난 무기입니다. 신자가 기도할 때 하나님이 감추어 두신 엄청난 일이 일어납니다.

서아프리카의 국경 지대에 모든 부족이 예수님을 믿는 작은 마을이 있다고 합니다. 토담으로 지은 교회에는 남는 방이 없어서, 마을 사람들은 숲속에 조용히 기도할 수 있는 작은 집을 만들었습니다. 사람들이 어찌나 기도를 많이 했는지 몇 달 만에 숲에 오솔길이 생겼습니다. 그런데 기도를 소홀히 하면 금세 잡초가 자라 길이 사라졌습니다. 마을 사람들은 기도의 오두막으로 가는 길에 잡초가 자랄 때와 길이 선명할 때, 자신들의 삶이 다르다는 걸 깨달았습니다. 길에 잡초가 자라려고 하면 의식적으로 더 자주 기도하러 갔습니다. 누군가 얼굴에 근심이 보이면 '형제여, 기도의 오솔길에 잡초가 자라고 있는 것 같군요'라는 말을 건넸습니다.

당신의 기도의 오솔길은 어떤 상태에 있습니까? 너무 자주 다녀서 선명하게 길이 드러나 있습니까, 아니면 무성하게 잡초만 자라고 있습니까?

오늘의 삶은 어제의 기도가 맺은 결과입니다. 기도하면 하나님이 들으십니다. 들으시면 하나님이 일하십니다. 기도할 때 하늘과 소통하는 길이 열립니다. 하늘 문이 열리면 땅의 일이 풀립니다. 내 삶의 걸음이 달라집니다. 무기력한 삶이 이기는 삶으로 변화됩니다. 기도를 배우면서 제 삶이 달라졌던 은혜가 이제 기도를 시작하는 당신의 삶에도 번져 가길, 이 책이 그 불씨가 되어 주길 간절히 소망합니다.

2021년 8월

이인호

기도하면 달라지는
첫 번째 변화

이전보다 더욱 평안해집니다

우리가 기도의 우선순위를 가진다는 것은
내 삶이 하나님 중심으로 돌아선다는 것을 의미합니다.

"여호와께서 아사에게 평안을 주셨으므로 그 땅이 평안하여 여러 해 싸움이 없은지라 그가 견고한 성읍들을 유다에 건축하니라 아사가 일찍이 유다 사람에게 이르되 우리가 우리 하나님 여호와를 찾았으므로 이 땅이 아직 우리 앞에 있나니 우리가 이 성읍들을 건축하고 그 주위에 성곽과 망대와 문과 빗장을 만들자 우리가 주를 찾았으므로 주께서 우리 사방에 평안을 주셨느니라 하고 이에 그들이 성읍을 형통하게 건축하였더라"(대하 14:6-7).

"기다리기를 쉬지 않은 기도는,

마침내 감사와 찬송으로 열매맺게 될 것이다."

_ 조지 뮬러(George Muller)

기도하면 어떤 일이 일어날까요? 우리가 기도하면 하나님은 우리의 삶에 평안을 주셔서 우리가 마음껏 하나님의 뜻과 하나님의 꿈을 향해 달려갈 수 있게 해 주십니다.

본문에는 아사 왕이 나옵니다. 아사는 왕이 되자마자 한 가지 분명한 정책을 펼쳤는데, 그것은 백성에게 여호와를 찾고 구하도록 한 것이었습니다. 본문에 앞선 4절은 "유다 사람에게 명하여 그 조상들의 하나님 여호와를 찾게 하며 그의 율법과 명령을 행하게 하고"(대하 14:4)라고 말씀합니다.

"아사가 일찍이 유다 사람에게 이르되 우리가 우리 하나님 여호와를 찾았으므로"(대하 14:7상). 여기서 '여호와를 찾았으므로'라는 말은 무슨 의미일까요? 첫째는 말씀대로 순종하는 것이고, 둘째는 기도하는 것입니다. 역대하 16장을 보면, 아사 왕은 그의 말년에 병이 들었는데, 안타깝게도 그는 의원만 찾고 여호와를 찾지 않았습니다. 마지막에는 기도하지 않았던 것입니다.

하지만 아사는 왕이 되자마자 이스라엘 백성으로 하여금 기도와 말씀으로 하나님만 찾게 했습니다. 이런 정책을 내리기란 결코 쉽지 않습니다. 솔로몬이 외교 정책으로 첩을 들였다면, 아사는 하나님만 찾기로 한 것입니다. 그는 핵심을 잡은 것입니다.

● 하나님을 찾으니 10년 평안

아사 왕이 백성과 함께 여호와를 찾음으로 하나님이 그 땅에 평안을 주셨습니다. '평안'이라는 말이 역대하 14장 1-7절에 걸쳐 5회나 나옵니다(1, 5, 6[×2], 7절). 그 기간이 10년이나 되었습니다. 아사 왕은 전쟁이 없어 평안한 가운데 마음껏 견고한 성읍을 건축할 수 있었고, 또 58만 명이라는 군대를 양성할 수 있었습니다.

왕이라면 누구나 강한 군대를 만들고 나라를 견고하게 세우고 싶어 합니다. 그러나 주변 강대국들이 절대로 내버려 두지 않습니다. 때로는 천재지변이 일어나거나 전염병이 돌기도 합니다. 어느 부모가 평안한 가정, 형통한 자녀의 삶을 원하지 않을까요. 어떤 사업가가 자기 사업을 확장시키고 싶지 않을까요. 하지만 그렇게 할 만한 평안이 주어지지 않고 이런저런 어려움이 도처에 생기는 것이 우리 인생 아닙니까.

그런데 아사가 여호와를 찾으니까, 하나님에게 나아가 기도하고 그분을 섬기니까 어떤 일이 일어났습니까? 하나님이 평안을 주셨습니다. 그가 원하는 바를 이룰 수 있는 평안의 세월을 허락해 주신 것입니다.

저는 신학교를 다닐 때 목사, 장로, 권사의 자녀인 사역자들이 너무나 부러웠습니다. 늘 아파서 누군가의 중보 기도가 간절했기 때문입니다. 그런데 나이 40이 되던 해 저를 아프게 했던 병이 사라졌습니다. 다 나은 것입니다. 어머니와 장모님이 저를 위해 매일 새벽 기도를 시작하셨기 때문입니다. 이처럼 기도는 우리 삶에 평안을 가져옵니다.

특별히 우리가 기도의 우선순위를 가진다는 것은 내 삶이 하나님 중심으로 돌아선다는 것을 의미합니다. 먼저 하나님을 찾을 때 내 삶의 모든 질서가 바로잡히고 평강이 임합니다. 기도할 때 풍랑이 가라앉습니다.

하나님을 더욱 찾으니 20년 평안

그렇게 10년의 세월이 지나자 구스가 100만 대군을 이끌고 쳐들어 왔습니다. 아사 왕에게 처음으로 위기가 닥친 것입니다. 이 위기의 때에 그는 어떻게 합니까? 다시 여호와를 찾습니다(대하 14:11). 평소에, 평안할 때에 여호와를 찾으니까 위기의 때에도 여호와를 찾는 믿음이 생긴 것입니다.

결국 아사 왕이 전쟁에서 승리하고 돌아오는데 아사랴 선지자가 나타나 그들을 축복했습니다. 이스라엘 백성과 아사 왕이 하나님만 찾는 행위에 상급이 있다고 말합니다(대하 15:7). 그 예언의 말을 듣고 아사 왕은 더 큰 결심을 합니다.

"또 마음을 다하고 목숨을 다하여 조상들의 하나님 여호와를 찾기로 언약하고 이스라엘 하나님 여호와를 찾지 아니하는 자는 대소 남녀를 막론하고 죽이는 것이 마땅하다 하고"(대하 15:12-13).

그러자 바로 "평안을 주셨더라"(대하 15:15)라는 말씀이 이어 집니다. 언제까지입니까? 이때부터 아사 왕 35년까지 전쟁이 없었습니다(대하 15:19). '이때'가 아사 왕 15년이니까(대하 15:10) 무려 20년 동안 평안이 이어진 것입니다. 이전보다 두 배의 평안이 임했습니다. 여기에 놀라운 교훈이 있습니다.

보통 새벽기도회에 나오지 않던 분이 갑자기 나오기 시작 하면 그분에게 무엇인가 문제가 생긴 것입니다. 그렇게 열심 히 기도하다가 다시 새벽기도회에 나오지 않으면 문제가 해 결된 것입니다. 그러다가 한참 후에 또 새벽기도회에 나옵니 다. 다시 문제가 생긴 것입니다. 이렇게 대부분의 성도들은 문제가 있으면 열심히 기도하고, 해결되면 기도를 쉬는 등 문 제 중심으로 뺑뺑이를 돕니다. 그러니까 늘 제자리일 수밖에 없습니다.

그런데 아사 왕은 열심히 기도하니 10년 평안을 얻었고, 그래서 더 기도하기로 결심하니 20년 평안이 임했습니다! 이 점이 중요합니다. 이것이 바로 지혜입니다. 평안할 때 만족 하지 않고, 평안할 때 더 기도하고 더 주님을 찾으면 더 큰 축복을 주신다는 것입니다.

　아사 왕에게서 얻는 교훈은 두 가지입니다. 첫째는, 우리가 기도하면, 먼저 하나님만 찾으면 하나님이 평안을 주시며, 그래서 뜻을 이룰 수 있게 해 주신다는 것입니다. 둘째는, 하나님이 평안을 주실 때, 더 끈기 있게 지속적으로 기도하면 더 큰 은혜, 더 큰 축복을 주신다는 것입니다. 우리가 끈기 있게 기도할 때, 하나님은 놀라운 응답을 주실 것입니다.

끝까지 찾는 자의 영향력

아사는 정말 대단한 사람입니다. 그런데 정말 안타까운 것은, 아사가 이 20년의 평안 뒤에 더 이상 여호와를 찾지 않는 인생이 되었다는 사실입니다.

　20년의 평안한 세월 후에 이스라엘의 바아사가 침공해 오자, 아사 왕은 하나님을 구하지 않고 아람 왕 벤하닷을 의지합니다. 그가 20년 전에 하나님에게 드렸던 금과 은을 벤하닷 왕에게 뇌물로 줍니다. 이에 선지자 하나니가 나타나 책망하자(대하 16:7), 아사 왕은 화가 나서 하나니를 옥에 가두어

버립니다. 그리고 죽을 때 발에 병이 났는데, 하나님에게 기도하지 않고 의원들에게 구했다고 기록합니다.

아사가 달라졌습니다. 20년의 평안의 세월이 지나는 동안 그의 신앙이 약해진 것입니다. 물론 아사가 왕이 되어 무려 35년 동안 하나님만 찾으며 일편단심 달려온 것은 정말 잘한 것입니다. 그런데 그는 마지막 4년을 하나님을 찾는 데 실패하고 말았습니다. 그래서 더욱 아쉬움이 남습니다. 이처럼 끝까지 주님만 찾는 인생이 된다는 것은 정말 어려운 일입니다. 한때 잘하던 사람의 열심이 식어 버리는 경우가 얼마나 많습니까?

다윗의 위대한 점이 무엇입니까? 다윗은 평생 여호와를 찾았습니다. 그러한 다윗에게 하나님은 '너의 왕위를 영원히 견고하게 하겠다'고 약속하셨습니다. 하지만 솔로몬과 르호보암 그리고 아비야는 계속 타락했습니다. 이들 이후에 하나님이 이 아사를 주신 것입니다. 왜 주셨을까요? "그의 하나님 여호와께서 다윗을 위하여 예루살렘에서 그에게 등불을 주시되 그의 아들을 세워 뒤를 잇게 하사 예루살렘을 견고하게 하셨으니"(왕상 15:4). 이게 아사에 대한 말씀입니다. 다윗을 위해서 등불을 주신 것입니다. 하나님이 다윗을 생각하사 그의 후대에 이렇게 나라를 개혁해서 평안으로 이끌어 갈 자손을 주신 것입니다. 왜입니까? 다윗이 어떻게 했기에 그렇습니까? "이는 다윗이 헷 사람 우리아의 일 외에는 평생에 여호와 보시기에 정직하게 행하고 자기에게 명령하신 모든 일을 어기지 아니하였음이라"(왕상 15:5). 다윗은 밧세바 사건 외에는 평생 하나님만 구하는 인생을 살았던 것입니다.

북 이스라엘에는 착한 왕이 없습니다만, 남 유다에는 솔로몬 이후 20명의 왕 중에 40-50퍼센트 정도는 착한 왕이라는 사실을 알 수 있습니다. 왜입니까? 끝까지 하나님을 구한 다윗 때문입니다. 왜 우리는 끝까지 일평생 주님만 찾아야 합니까? 평생 찾는 사람과 찾다가 그만두는 사람의 차이는 무엇입니까? 제가 성도들에게 자주 강조하는 말이 있습니다. 20대에 열심히 기도하면 30대에 전성기가 온다는 것입니다. 이는 30대도 마찬가지고, 40대도 다르지 않습니다. 30대에 기도하면 40대에, 40대에 기도하면 50대에, 50대에 기도하면 60대에 전성기가 옵니다. 그러면 이제 은퇴할 시기가 찾아옵니다. 그런데 은퇴하고도 열심히 구하면 어떻게 될까요?

그러면 그것은 어디로 갈까요? 그렇습니다. 후대로 이어집니다. 이게 차이점입니다. 아사가 자신의 당대에만 구했다면, 다윗은 평생 하나님을 구하며 후대에까지 영향력을 미쳐 은혜와 축복을 끼치는 인생을 살았습니다. 노년이 되어서도 열심히 기도하시는 권사님들, 집사님들, 그 기도가 바로 후손을 살리는 기도임을 믿으십시오. 우리 역시 평생 기도하고 평생 하나님만 찾는 인생이 될 때, 우리의 생애는 물론 우리 후손에게까지 놀라운 인생의 전성기가 올 것입니다.

| 나눔 | 기도함으로 갖게 된 이전보다 더욱 평안해진 경험이 있나요? 문제가 해결되고 평안이 찾아왔을 때 당신의 기도 생활은 어떤가요? |
| 적용 | 당신이 평생 지속해야 할 기도 제목은 무엇인가요? 기도 제목을 적고, 구체적인 기도 시간을 정하고 결단해 봅시다. |

여호와를 찾으면 살고, 버리면 죽는다!

아사는 왕이 되자마자 백성과 함께 여호와를 찾았습니다. 말씀대로 순종하고, 기도했습니다. 그러자 하나님이 그 땅에 평안을 주셨습니다. 위기의 때에도 여호와를 찾았습니다. 그러자 이전보다 두 배의 평안이 임했습니다.

여호와만 찾을 때 상급이 있다!

먼저 하나님을 찾을 때 내 삶의 모든 질서가 바로잡히고 평강이 임합니다. 기도할 때 풍랑이 가라앉습니다. 평안할 때 더 기도하고 더 주님을 찾으면 하나님이 더 큰 축복을 주십니다.

끝까지 여호와만 찾으면 후대에 영향을 미친다!

평생 여호와를 찾는 사람과 찾다가 그만두는 사람의 차이는 무엇입니까? 아사는 자신의 당대에만 구했지만, 평생 여호와를 구한 다윗은 후대까지 그 은혜와 축복을 남겼습니다. 평생 하나님을 찾는 인생이 되면 후손들에게까지 은혜가 흘러갑니다.

함께 기도합시다.

아사에게 평안을 주셨던 하나님이 바로 우리 하나님
이신 줄 믿습니다. 먼저 주님을 우선하여 찾을 때, 주
님이 우리 삶의 모든 혼란을 바로잡아 주시고, 질서
를 세워 주시며, 평강을 주시는 줄 믿습니다. 아사가
주님을 찾았던 것처럼, 우리도 작은 평강과 응답에
안주하지 않고, 더욱 하나님을 전심으로 찾아 하나님
이 예비하신 놀라운 은혜를 모두 경험할 수 있도록
축복하여 주옵소서. 지금 우리에게 베풀어 주시는 평
안이 후대에까지 미칠 수 있도록 지속적인 기도의 사
람이 되게 하여 주옵소서. 아멘.

기도하면 달라지는
두 번째 변화

나를 향한 복된 약속이 이루어집니다

우리는 치열하게 기도해야 합니다.
그때 우리 인생을 향한 하나님의 약속이 이루어집니다.

"야곱은 홀로 남았더니 어떤 사람이 날이 새도록 야곱과 씨름하다가 자기가 야곱을 이기지 못함을 보고 그가 야곱의 허벅지 관절을 치매 야곱의 허벅지 관절이 그 사람과 씨름할 때에 어긋났더라 그가 이르되 날이 새려 하니 나로 가게 하라 야곱이 이르되 당신이 내게 축복하지 아니하면 가게 하지 아니하겠나이다"(창 32:24-26).

"계속 기도하라. 그리고 하나님의 응답이
당신의 기도보다 더 지혜로움에 감사하라."

_ 윌리엄 컬버트슨(William Culbertson III)

기도하면 어떤 일이 일어날까요? 기도하면 우리의 인생을 향
한 하나님의 약속이 이루어집니다. 우리는 모두 하나님의 약
속을 받았습니다. 그것은 축복입니다.

두 종류의 인생이 있습니다. 하나님의 약속이 현실에서 이
루어진 사람과 그 약속이 아직 하늘에 있는 사람입니다. 그
차이를 만드는 것이 바로 기도입니다. 우리가 기도할 때 내
인생을 향한 하나님의 약속, 계획, 축복이 이루어집니다. 야
곱의 씨름이 그 사실을 알려 줍니다.

오해에서 이해로

야곱은 "내게 축복하지 아니하면 가게 하지 아니하겠나이다"(창 32:26)라고 말하며 하나님에게 축복을 구했습니다. 그는 하나님을 축복의 하나님으로 알고 있었습니다. 그렇기에 자신을 축복해 달라고 한 것입니다. 야곱의 선조들이 믿은 하나님도 축복의 하나님이셨습니다. 하나님은 아브라함을 불러 축복하셨습니다. 이삭도, 야곱도 다 축복을 받았습니다.

하나님이 가장 싫어하시는 것은 하나님을 오해하는 것입니다. 광야에서 열 명의 가나안 정탐꾼들이 한 말이 무엇입니까? "장막 중에서 원망하여 이르기를 여호와께서 우리를 미워하시므로 아모리 족속의 손에 넘겨 멸하시려고 우리를 애굽 땅에서 인도하여 내셨도다"(신 1:27). 그들은 하나님을 알지 못했습니다. 심지어 오해했습니다. 결국 그들은 다 멸망했습니다. 반면, 믿음의 사람들은 모두 하나님을 축복의 하나님으로 알고 그분에게 나아가 은혜를 경험했습니다.

지금, 약속이 이루어지기 시작한다

야곱은 원래 하나님의 축복을 받은 사람이었습니다. 모태에서부터 축복의 예언을 받았습니다. 그런데 현실은 어떻습니까? 그는 20년간 타향살이를 하다가 이제야 고향 땅으로 돌아가려는데 형 에서가 가로막았습니다. 에서에게 죽임당할 위기에 처했습니다. 가족들도 다 죽게 되었습니다. 지금 상황은 야곱을 향한 축복의 약속과 정반대입니다.

그렇다면 여기서 야곱이 "내게 축복하지 아니하면 가게 하지 아니하겠나이다"(창 32:26) 하며 하나님에게 축복을 구한 것은 무엇을 의미할까요? 자신을 향한 주님의 약속이 지금 이루어지게 해 달라는 뜻입니다. '하나님의 축복은 아직 하늘에 있습니다. 그것이 지금 이 땅에서 이루어지게 해 주십시오. 현재형이 되게 해 주십시오'라고 기도하는 것입니다.

축복은 완성형으로 주어지는 것이 아니라 작은 씨앗과 같습니다. 그 씨앗을 키울 때 내게 현실이 됩니다. 기도가 무엇입니까? 바로 그 축복의 씨앗에 물을 주는 것입니다. 축복을 사모하고 축복을 구하는 기도를 드리면, 또 축복 기도를 받으면 우리 안에 있는 축복의 씨앗이 싹이 트고 자라납니다. 그 축복이 점점 우리의 삶에 현실화되는 것입니다.

야곱은 축복을 원했고, 축복을 얻어 내고자 천사와 씨름을 했습니다. 그런데 날이 밝아 오자 천사가 야곱의 허벅지 관절을 쳤습니다. 가야 하니 놓으라는 것입니다. 그런데도 야곱은 천사를 놓아 주지 않고 축복을 구했습니다.

야곱이 씨름한 천사는 바로 하나님이십니다. 그러므로 계속 붙잡고 있다가 날이 밝아져 하나님의 얼굴을 보게 되면 야곱은 죽습니다. 하나님이 야곱을 사랑하셔서 그의 허벅지 관절을 쳐서 어긋나게 하신 것입니다. 그런데도 야곱은 놓지 않았습니다. 그 까닭은 목숨을 걸었기 때문입니다. 야곱은 죽기를 각오하고 사생결단으로 매달렸던 것입니다. 전심으로 하나님만 의지한 것입니다.

결국 하나님은 '나를 축복하시기 전에는 죽어도 물러나지 않겠습니다' 하며 버티는 야곱을 축복하셨습니다. 그리고 야곱에게 이겼다고 말씀하셨습니다.

분노는 사라지고 은혜가 그 자리에

야곱이 이처럼 목숨을 걸고 하나님과 씨름해야 하는 이유가 무엇일까요? 축복을 가로막는 에서 때문이었습니다. 에서와의 싸움은 혈과 육의 싸움이 아니라 영적인 싸움이었기 때문입니다. 에서가 20년이 지나도 화를 풀지 않았다는 사실을 보면 그 배후에 악한 마귀가 역사하고 있음을 알 수 있습니다. 그래서 야곱은 먼저 기도로 하나님에게 매달렸던 것입니다.

단지 혈과 육의 문제라면 꾀 많은 야곱은 어떻게든 형을 구슬릴 방도를 찾았을 것입니다. 그러나 야곱은 배후에 도사리고 있는 마귀를 인식했습니다. 그 싸움의 실체를 본 것입니다. 그래서 그는 그 밤에 하나님과 씨름을 했습니다. 그리고 마침내 그 밤에 에서의 마음이 변화되었습니다. 이어지는 말씀에서 야곱이 무엇이라고 말합니까? "내가 형님의 얼굴을 뵈온즉 하나님의 얼굴을 본 것 같사오며 형님도 나를 기뻐하심이니이다"(창 33:10하). '하나님의 얼굴'이란 용서의 얼굴, 은혜의 얼굴입니다. 야곱이 온다는 소식을 들은 에서는 분노하며 달려왔는데, 신기하게도 야곱을 만나기 전날 밤 그 마음에 분노와 원한이 사라졌습니다.

마침내 이긴다

결국 야곱은 기도의 씨름을 승리합니다. 씨름 이후 야곱은 다리를 절게 되었습니다. 이 싸움이 격렬하고도 실제적인 싸움이요, 생사를 건 싸움이었음을 의미합니다. 허벅지 관절이 어긋날 정도였습니다.

기도란 시간, 체력, 때로는 목숨을 거는 일입니다. 주님은 새벽, 아직도 밝기 전에 기도하셨고, 다니엘은 사자 굴에 들어가기까지 기도했습니다. 신앙생활을 아무런 대가 없이 하려고 하면 안 됩니다. 희생 없고, 대가 없고, 수고 없는 신앙생활은 얻는 것이 하나도 없습니다.

오늘날 마귀가 성도들을 무력화하는 방법은 무엇일까요? 우리의 신앙생활을 심리적인 국면으로 만드는 것입니다. 야곱의 경우 이 씨름의 객관적인 전투성을 제거하고, 그저 그 과정을 심리적으로 내려놓는 포기의 과정이라고 여기게 하는 것입니다. 신앙을 계속해서 내재화하고 주관화하고 심리

화함으로 객관적인 기도의 씨름이 무력해지고, 곧 영적인 전쟁에서 마귀에게 지게 됩니다.

믿음의 씨름을 하십시오. 우리 인생의 어려움, 위기는 기도의 허리샅바를 동여매고 씨름장으로 나오라는 하나님의 초대입니다.

우리는 치열하게 기도해야 합니다. 그때 우리 인생을 향한 하나님의 약속이 이루어집니다. 우리를 방해하는 영적인 전쟁에서 승리하게 되고, 우리는 하나님에게 쓰임 받는 멋진 인생이 될 것입니다. 기도의 씨름에서 야곱처럼 승리하는 인생이 되기를 기도합니다.

나눔	기도의 씨름에서 야곱처럼 승리해 복된 약속이 이루어진 경험, 혹은 패배한 경험이 있다면 나누어 보십시오.
적용	당신의 삶에 사생결단의 각오로 임해야 할 기도 제목이 있나요? 하나님과 씨름할 기도 제목이 무엇인지 나누고 함께 기도합시다.

기도가 믿음으로 사는 방법이다!

우리가 기도할 때 내 인생을 향한 하나님의 약속, 계획, 축복이 이루어집니다. 믿음의 사람들은 모두 하나님을 축복의 하나님으로 알고 그분에게 나아갔고, 은혜를 경험했습니다. 야곱은 자신을 향한 주님의 약속이 지금 이루어지게 해 달라고 기도했습니다. 축복은 작은 씨앗과 같습니다. 기도란 축복의 씨앗에 물을 주는 것입니다.

기도의 승리가 인생을 바꾼다!

야곱은 천사와의 씨름 이후 다리를 절게 됩니다. 기도란 시간, 체력, 때로는 목숨을 거는 일입니다. 우리 인생의 어려움, 위기는 기도의 허리샅바를 동여매고 씨름장으로 나오라는 하나님의 초대입니다. 우리는 치열하게 기도해야 합니다. 그때 우리 인생을 향한 하나님의 약속이 이루어집니다.

함께 기도합시다.

야곱과 같이 목숨 걸고 믿음의 씨름을 하는 기도의 야성을 허락해 주소서. 야곱이 한 기도의 씨름이 우리의 것이 되게 하시고, 영적인 전쟁의 실체를 알고 기도로 이기게 하소서. 그리하여 우리 인생이 에서의 밤을 넘어 축복의 아침을 맞이하게 하소서. 기도를 통해서 하나님이 씨앗으로 주신 축복이 내 삶에 아름답게 열매 맺게 하소서. 아멘.

우연 같은 기적이 곳곳에서 일어납니다

우리가 하는 모든 결단은 기도를 통해서 생기가 불어넣어집니다.
기도를 통해 하나님의 생명이 역사하기 시작합니다.

"그날 밤에 왕이 잠이 오지 아니하므로 명령하여 역대 일기를 가져다
가 자기 앞에서 읽히더니"(에 6:1).

기도하면 어떤 일이 일어날까요? 우연 같은 기적이 우리 삶 가운데 일어납니다. 사람들은 기도 응답을 받았다고 하면 우연이 아니냐고 합니다. 그런데 신기한 것은, 기도하지 않으면 그런 우연 같은 일들도 일어나지 않습니다. 하지만 기도하면 우리의 인생에 우연 같은 기적들이 일어나기 시작합니다. 에스더의 기도는 우리에게 그 사실을 명확히 보여 줍니다.

전부를 건 기도에 하나님은 응답하신다

하만은 아말렉 사람으로서 바벨론의 국무총리였습니다. 하만의 계략으로 수산 성에 있는 모든 유다인이 죽을 위기에 처했을 때 에스더는 사생결단의 기도를 드렸습니다. 에스더는 먼저 유다인들과 함께 3일간 금식 기도를 한 후 목숨 걸고 왕에게 나아가기로 결심했습니다. "당신은 가서 수산에 있는 유다인을 다 모으고 나를 위하여 금식하되 밤낮 삼 일을 먹지도 말고 마시지도 마소서 나도 나의 시녀와 더불어 이렇게 금식한 후에 규례를 어기고 왕에게 나아가리니 죽으면 죽으리이다 하니라"(에 4:16).

여기서 에스더가 자신도 금식한 후에 왕에게 나아가겠다고 한 말은 기도에 모든 것을 걸겠다는 의미입니다. 에스더는 왕 앞에서 아름다운 모습을 보여야 했는데, 3일 동안 음식을 먹지도 않고 물조차 마시지도 않겠다는 것은 자살 행위와 같았습니다. 왕후가 수척한 모습을 왕에게 보이는 것은 매우 큰 결례가 될 수 있었기 때문입니다. 하지만 에스더는 자신의 미모가 아니라 기도에 모든 것을 걸었습니다.

여기에서 주목할 것이 하나 있습니다. 에스더는 금식하며 왕이 자신을 부르도록 기도해 달라고 하지 않습니다. 금식하고 왕 앞에 나아가겠다고 합니다. 기도가 우리의 할 일을 대신하는 게 아닙니다. 우리가 해야 할 일을 하고 기도할 때 기도의 진가가 발휘됩니다. 자신의 게으른 행동이나, 책임을 면피하기 위한 합리화로 기도를 내세우면 안 됩니다. 이스라엘에 아말렉이 쳐들어오자 모세는 기도했고, 여호수아는 전쟁하러 나갔습니다. 우리는 우리가 할 바를 해야 합니다.

에스더는 기도를 우선에 두었습니다. 먼저 3일 동안 금식하고 나아가겠다는 것입니다. 우리가 행동하기 전에 기도하지 않는다면 그 일은 주님의 일에 별로 도움이 되지 않습니다. E. M. 바운즈(E. M. Bounds)는 "기도하지 않는 사역자는 주님의 일을 방해한다"라고 말했습니다.

우리가 하는 모든 결단은 기도를 통해서 생기가 불어넣어집니다. 기도를 통해 하나님의 생명이 역사하기 시작합니다.

매우 사랑스러워 보이게 하신다

기도를 마치고 에스더는 왕에게 나아갔습니다. 과연 무슨 일이 일어났을까요? 에스더를 본 아하수에로 왕은 어떤 반응을 보였을까요?

"왕후 에스더가 뜰에 선 것을 본즉 매우 사랑스러우므로"

(에 5:2). 왕은 에스더를 본 순간 사랑을 느꼈고, 금 규를 내밀어 허락 없이 왕을 찾은 에스더의 목숨을 보호해 주었습니다. 그뿐 아닙니다. "왕이 이르되 왕후 에스더여 그대의 소원이 무엇이며 요구가 무엇이냐 나라의 절반이라도 그대에게 주겠노라 하니"(에 5:3). 에스더가 얼마나 사랑스러운지, 나라의 절반이라도 주겠다고 했습니다.

성경은 이 일이 바로 기도 뒤에 일어났음을 분명히 밝힙니다. 하나님이 에스더로 하여금 왕의 눈에 사랑스럽게 보이도록 해 주신 것입니다. 잠언 21장 1절은 "왕의 마음이 여호와의 손에 있음이 마치 봇물과 같아서 그가 임의로 인도하시느니라"라고 말씀합니다. 왕의 마음은 하나님의 손안에 있습니다.

모든 사람의 마음은 하나님의 손안에 있습니다. 이 세상에서 정말 어려운 것이 사람의 마음입니다. 자녀의 마음이 삐뚤어지면 아무리 부모라도 그 마음을 어떻게 할 수가 없습니다. 배우자도 마찬가지입니다. 그러나 마음을 주장하는 분이 하나님이시기에, 우리가 기도할 때 하나님이 그 마음을 주장해 주십니다.

문제를 정확히 보고 지혜롭게 하신다

우리는 이 정도 되면 '드디어 하나님이 응답하셨다! 다 됐다' 하며 왕에게 하만에 대해 다 이야기할 텐데, 에스더는 달랐습니다. 에스더는 그 자리에서 자초지종을 말하지 않고, 오늘 자신이 잔치를 베풀 테니 하만과 함께 와 달라고 청했습니다. 그것도 한 번의 잔치로 끝나지 않고 또 한 번 잔치를 열었습니다. 그 이유가 무엇일까요?

하만은 왕이 매우 사랑하고 신임하는 신하였습니다. 따라서 에스더가 갑자기 울며 자기 처지를 하소연하면 왕이 감당하지 못할 것이며, 에스더는 이러한 왕의 심리를 읽었던 것입니다. 어떻게 왕에게 접근해서 언제 이야기해야 할지를 곰곰이 생각하고 행동한 것입니다. 에스더는 지혜롭게 행했습니다.

이처럼 왕의 심리를 읽고 신중한 계획을 세우는 지혜를 에스더가 언제 얻었을까요? 바로 기도하면서입니다. 하나님에게 기도하는 사람은 무모해지는 것이 아니라 지혜로워집니다. 에이브러햄 링컨(Abraham Lincoln)은 "나는 어려울 때마다 무릎을 꿇고 기도한다. 나는 충분한 지혜가 없지만 기도하고 나면 특별한 지혜가 머리에 떠오르곤 했다"라고 말했습니다.

기도는 문제를 정확히 보게 합니다. 우리는 기도 중에 지혜와 아이디어를 얻게 됩니다.

삶이 하나님의 섭리로 가득해진다

우리가 가장 주목해야 할 내용은 이제부터입니다. 에스더가 기도 중에 하나님이 주신 지혜로 왕을 초청했는데, 하나님의 우연 같은 섭리들이 나타났습니다. 에스더서는 섭리의 책입니다. 하나님의 이름이 한 번도 언급되지 않는데 하나님이 일하시는 섭리로 가득합니다. 우연 같은 섭리를 구체적으로 살펴보면 이렇습니다.

하만은 장대를 만들어 모르드개를 죽이려고 했습니다. 그런데 마침 그날 밤 왕은 잠이 오지 않았습니다(에 6:1상). 이것이 하나님의 섭리입니다. 잠이 오지 않은 왕은 신하에게 명령해 역대 일기를 가져다가 자기 앞에서 읽혔습니다(에 6:1하). 잠이 오지 않을 때 왕이 할 수 있는 즐거운 일이 얼마나 많겠습니까. 그런데 이상하게도 왕은 재미없는 역대 일기를 가져오라고 했습니다. 그러다가 무엇을 듣습니까? 모르드개가 왕의 두 내시가 아하수에로 왕을 모살하려던 일을 고발해 왕의 목숨을 구한 공적이 적힌 이야기였습니다(에 6:2-3).

결국 하만은 모르드개를 찾아가서 죽인 것이 아니라 오히려 모르드개에게 왕복과 왕관을 씌우고 왕의 말을 태운 후 그를 높이게 되었습니다. 그 말을 들은 하만의 친구와 아내가 말합니다. "모르드개가 과연 유다 사람의 후손이면 당신이 그 앞에서 굴욕을 당하기 시작하였으니 능히 그를 이기지 못하고 분명히 그 앞에 엎드러지리이다"(에 6:13하). 결국 모르드개를 죽이려던 장대에 하만이 매달리고, 하만의 자리는 모르드개에게 돌아가는 대역전이 일어났습니다.

제2차 세계대전이 끝나고 얼마 안 된, 아주 오래전 이야기입니다. 뉴욕 근교에 헝가리 출신의 스턴버거(Sternberger)라는 사람이 살고 있었습니다. 어느 날 그가 지하철을 타고 사무실로 출근하고 있었는데, 갑자기 브루클린에 살고 있는 헝가리 친구가 병중에 있다는 사실이 생각났습니다. 그래서 그는 그 친구의 집을 방문해 병문안을 하고 다시 회사로 가기 위해 맨해튼행 지하철을 탔습니다.

그때 옆자리에 앉은 사람이 헝가리어로 된 신문을 읽고 있었습니다. 같은 헝가리 사람인지라 반갑게 인사하고 이야기를 나누었습니다. 그는 파스킨(Paskin)이라는 이름의 헝가리 사람인데, 제2차 세계대전 때 독일군에게 끌려갔다가 러시아의 포로가 되었고, 전쟁이 끝난 후 석방되어 집으로 돌아왔다고 했습니다. 그런데 와 보니 모든 가족이 악명 높은 아우슈비츠 수용소로 끌려가서 돌아오지 못하게 되자, 그는 파리를 거쳐 3개월 전에 미국으로 이민을 왔다고 했습니다.

이때 그 말을 듣던 스턴버거는 얼마 전에 만난 헝가리 여인이 떠올랐습니다. 그 여인도 아우슈비츠에 끌려가 총탄을 만드는 공장에서 일을 하다가 미군에 의해 석방되었는데, 그 여인의 고향이 파스킨의 고향과 같았습니다. 그래서 파스킨에게 아내의 이름을 물으니 마리아라고 했습니다. 수첩을 꺼내 적힌 이름을 보니 그 여인의 이름도 마리아였습니다. 두 사람은 급하게 공중전화에 가서 전화를 걸었습니다. 그 여인은 바로 잃어버린 파스킨의 아내 마리아였고, 파스킨은 아내는 물론 다른 가족들까지 감격적으로 만날 수 있었습니다.

정말 우연 같은 일이 아닌가요? 하필 그날 회사를 가다가 왜 친구의 집에 들르고 싶은 마음이 생겼을까요? 빽빽한 지

하철 안에서 어떻게 두 사람이 나란히 앉게 되었을까요? 그
전에 스턴버거는 어떻게 그 여인을 알게 되었을까요? 파스킨
이 감격하면서 스턴버거에게 한 첫마디는 이렇습니다. "이것
은 하나님의 섭리입니다." 그렇습니다. 이 우연 같은 일은 바
로 하나님의 섭리입니다. 기도하십시오. 기도하면 우연 같은
기적들이 일어나기 시작할 것입니다.

나눔	단지 우연이라 생각하고 무심코 넘어간 하나님의 은혜는 없는지 생각해 봅시다. 가장 근래 경험한 우연 같은 은혜는 무엇인가요?
적용	사명을 잊고 내 힘으로 사는 데 익숙해지진 않았나요? 에스더가 자신의 미모를 내세우지 않고 기도에 자신을 드리기로 결단한 것처럼, 다시 기도의 자리에 나아가기로 결단하고 하나님의 일하심을 기대합시다.

자신을 드리는 기도가 역사를 바꾼다!

수산 성에 있는 모든 유다인이 죽을 위기에 처했을 때 에스더는 사생결단의 기도를 드렸습니다. 기도에 모든 것을 걸었습니다. 우리가 하는 모든 결단은 기도를 통해서 생기가 불어넣어집니다. 기도를 통해 하나님의 생명이 역사하기 시작합니다. 우리가 기도할 때 하나님이 그 마음을 주장해 주십니다. 하나님에게 기도하는 사람은 무모해지는 것이 아니라 지혜로워집니다. 기도는 문제를 정확히 보게 합니다. 우리는 기도 중에 지혜와 아이디어를 얻게 됩니다.

기도하면 하나님의 섭리가 펼쳐진다!

에스더서는 섭리의 책입니다. 하나님의 이름이 한 번도 언급되지 않는데 하나님이 일하시는 섭리로 가득합니다. 기도하십시오. 기도하면 우연 같은 기적들이 일어나기 시작할 것입니다.

함께 기도합시다.

오늘도 말씀으로 우리 영을 깨워 기도하게 하시는 하
나님, 감사합니다. 하나님은 사람의 마음을 주장하는
분이십니다. 모든 역사의 주관자이십니다. 에스더처
럼 죽으면 죽으리라는 마음으로 결단하고 순종하게
하소서. 하나님 앞에 금식하며 전심으로 기도하며 나
아갈 때 에스더에게 일어났던 우연과 같은 일들이 우
리에게도 일어날 줄 믿습니다. 모든 역사와 삶의 배
후에서 합력하여 선을 이루어 주시고, 당신의 백성의
삶에 놀라운 은혜의 섭리를 베풀어 주소서. 에스더처
럼 기도할 때 상황을 역전시키시는 하나님의 역사가
오늘도 일어날 수 있도록 축복하여 주옵소서. 아멘.

하나님이 염려를 다 맡아 주십니다

우리 인생의 모든 염려를 해결하는 유일한 방법은
주님에게 맡기는 것입니다.

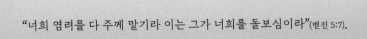

"너희 염려를 다 주께 맡기라 이는 그가 너희를 돌보심이라"(벧전 5:7).

기도하면 어떤 일이 일어날까요? 하나님이 우리의 염려를 맡아 주십니다. 기도할 때에 비로소 염려에서 벗어날 수 있습니다.

염려가 훔쳐 가는 것들

고난의 세상을 살아가는 동안 우리에게는 쉼 없이 염려가 찾아옵니다. 자녀에 대한 염려, 건강에 대한 염려, 재정에 대한 염려 등 많은 염려가 끊이지 않습니다.

'염려'(헬. 메림나)는 '마음이 나뉘다'라는 의미입니다. 염려하면 마음이 나뉘어 집중력이 분산됩니다. 마음이 평온하고 온전할 때 생명력이 흘러나옵니다. 하지만 마음이 염려로 흐트

러지면 생명력이 고갈되고 면역력이 약해져 각종 질병에 걸립니다. 아울러 현재의 모든 기쁨을 앗아 가고, 집중력과 능력을 저하시키고, 그 결과 미래까지 훔쳐 갑니다. 염려는 우리로 하여금 드넓은 세상에서 영광스러운 모험을 하게 하는 대신에, 작은 굴속으로 기어 들어가 스스로를 초라한 존재가 되도록 만들어 버립니다.

맡겨 버리면 창조적 하루가 시작된다

예수님은 염려를 주님에게 맡기라고 말씀하십니다. 우리 인생의 모든 염려를 해결하는 유일한 방법은 주님에게 맡기는 것입니다. 여기서 '맡기다'라는 말은 원문대로 하면 '맡겨 버리다'라는 뜻입니다. 전부 던지는 것입니다.

그러면 어떻게 염려를 주님에게 맡길까요? 기도하는 것입니다. 염려 거리, 걱정거리가 있을 때마다 그 내용을 주님에게 아뢰는 것입니다. 사도 바울은 "아무것도 염려하지 말고 다만 모든 일에 기도와 간구로, 너희 구할 것을 감사함으로 하나님께 아뢰라"(빌 4:6)라고 말했습니다. 우리는 기도함으로 주님에게 맡길 수 있습니다.

저는 선천적으로 걱정과 염려가 많은 사람입니다. 걱정하고 염려하느라 집중을 잘 못 하고 시간을 소모할 때가 많습니다. 그런 제가 염려에서 벗어나는 방법은 매일 아침 눈을 뜨자마자 하나님에게 기도로 그날의 염려를 맡기는 것입니다. 눈을 뜨면 몰려드는 염려 거리, 그날 처리할 많은 일 그리고 미래의 걱정거리를 다 주님에게 아룁니다. 즉 다 맡기는 것이지요. 그렇게 제 입술을 열어서 구체적으로 다 아뢰면 '이제 주님이 내 걱정거리를 맡으셨다'는 확신이 생기고, 저는 그날 주어진 일에 집중하게 됩니다. 그런데 제가 입술을 열어서 기도하지 않으면 저는 주님에게 맡기지 않은 것입니다. 그러면 제 마음속에는 염려가 남아 있게 됩니다.

사우나에 가면 "귀중품은 데스크에 맡기십시오. 맡기지 않은 물건은 책임지지 않습니다"라는 안내문이 쓰여 있습니다. 하나님도 마찬가지십니다. 물론 때로 하나님은 우리가 한숨 쉬는 일들까지도 도와주십니다. 하지만 우리가 구체적으로 매일매일 맡기면 우리는 한숨조차 쉬지 않게 되고, 또 주님에게 맡겼으니 걱정 없이 그날의 일에 집중할 수 있게 됩니다.

그래서 그날 하루가 창조적이고 집중력 있는 하루가 될 수 있습니다.

왜 기도하면 염려에서 벗어날 수 있을까요? 그 이유는 주님이 우리를 돌보시기 때문입니다. 본문 7절은 "이는 그가 너희를 돌보심이라"라고 말씀합니다. 여기서 '돌보다'라는 말은 부모가 자녀를 돌보는 것을 의미합니다. 부모는 자녀보다 더 자녀가 잘되기를 바랍니다. 늘 자녀에게 좋은 것을 주고 싶은 마음이 가득합니다. 이처럼 하나님은 우리보다 우리를 더 사랑하십니다. 그래서 주님에게 맡기면 주님이 가장 좋은 것으로 돌보며 인도해 주십니다.

젊은 부부가 자녀를 부모님에게 맡길 수 있는 까닭은 자신들보다 더 잘 키우고 돌볼 것을 알기 때문입니다. 우리는 하나님이 우리를 돌보시는 분임을 믿기에 그분에게 맡길 수 있고, 또 맡길 때 염려에서 벗어날 수 있습니다.

● **맡기면 하나님의 평강으로 지켜 주신다**

염려를 하나님에게 맡기면 어떤 일이 일어날까요? 하나님의 평강이 마음과 생각을 지켜 주십니다(빌 4:6-7). 왜 문제를 해결해 주신다가 아니라 '평강'으로 지켜 주신다고 할까요?

첫째, '하나님의 평강'은 응답의 약속입니다. 지금 당장은 해결되지 않았다 해도, '걱정 마라, 내가 해결해 줄 것이다'라는 신호입니다.

둘째, '내가 하나님의 응답'이라는 의미입니다. 하나님에게 맡겼음에도 문제가 잘 해결되지 않고, 여전히 불확실할 때도 있습니다. 하지만 '네가 열심히 평강 가운데 인내해라. 나의 해결책은 바로 너다'라는 의미로 우리에게 평강을 주십니다.

셋째, '믿음으로 전진하라'는 뜻입니다. '신경 쓰지 말고 네할 일 해라'라는 뜻입니다. 모든 문제가 다 사라지고 모든 게 다 평안해야 한다면, 이 험한 세상에서 우리가 할 수 있는 일은 아무것도 없습니다. 풍랑이 일어나도 주님에게 맡기고 우리는 사명에 집중해야 합니다. 그러므로 강한 염려가 있다면 강한 기도로 맡기십시오. 하나님이 지켜 주십니다.

더 이상 염려하지 않는 삶

그런데 만약 우리가 계속 염려하고 있다면 그 이유가 무엇일까요? 첫째는, 기도로 구체적으로 맡기지 않았기 때문이고, 둘째는, 우리가 하나님을 신뢰하지 않았기 때문입니다. 하나님보다 내가 걱정하는 대상, 즉 자녀, 건강, 돈, 직장이 내 삶의 기쁨과 안전을 좌우한다고 믿는 것입니다. 즉 그것들을 더 신뢰하는 것입니다. 결국 염려는 우리가 하나님 대신에 섬기는 우상이 무엇인지 여실히 보여 줍니다.

우리가 맡기는 기도를 드린다는 것은 단지 입술의 말로 기도했는가의 차원이 아닙니다. 과연 진정으로 내 중심에 있는 우상을 내려놓고 하나님을 마음의 중심에 모시는가의 문제입니다. 주님을 신뢰하기로 결단하십시오.

우리는 염려를 맡겨 버려야 합니다. 맡겨 버린다는 것은 주님에게 기도하고 이제 더 이상 걱정하지 않는다는 의미입니다. 사실 우리가 걱정한다고 키가 한 자라도 더해지는 것은 아닙니다. 오히려 걱정하는 동안 그 걱정거리를 우리가 붙잡고 있게 됩니다. 그러면 주님이 그 일에 대해 책임지지 못하십니다. 맡겨 버려야 책임지고 돌봐 주실 수 있습니다.

가정사역자이자 기도의 중요성을 강조하는 영성가 스토미 오마샨(Stormie Omartian)은 아들을 낳았을 때 위험투성이 세상에서 어떻게 키워야 할지 정말 불안했습니다. 그때 하나님이 주신 말씀이 바로 베드로전서 5장 7절이었습니다. "너희 염려를 다 주께 맡기라." 그 후 그녀는 자녀를 위해 기도함으로 염려를 하나님에게 다 맡겼습니다. 교회 영아실에 아이를 처음 맡겼을 때, 아이가 처음 유치원에 갔을 때, 아이가 다쳐서 상처를 꿰맸을 때, 그 아이를 병원 수술실에 두고 나왔을 때, 아이가 친구 집에서 처음으로 주말을 보내게 됐을 때, 비행기를 타고 워싱턴으로 견학을 갔을 때, 매년 캠프에 갔을 때, 아이가 혼자서 자동차를 운전했을 때, 아이가 클럽에서 축구를 할 때, 그 아이가 대학을 가기 위해 집을 떠날 때, 그때마다 그녀는 하나님에게 아이를 맡겼습니다.

그런데 놀랍게도, 자녀를 위해 아주 구체적이고 세밀하게 기도할수록 그녀는 자신 안에서 염려가 사라지고 평안이 임하는 것을 느끼게 되었습니다. 그래서 그녀는 1년에 하루 날을 정해서 종이와 펜을 들고 다음 12개월 동안 각각의 자녀를 위해 어떻게 기도해야 할지 알려 달라고 하나님에게 기도했습니다. 떠오르는 기도 제목을 세밀하게 적은 후 구체적으로 기도하기 시작했습니다. 지금 해마다 기도한 자녀들의 기도 제목이 적힌 수첩을 살펴보면 거의 다 응답되었다고 합니다.

거절(No)도 허락(Yes)이라는 확신

'맡기다'라는 말에는 주님의 해결을 구하는 의미도 있지만, 동시에 주님이 가장 좋은 뜻대로 이끌어 주시기를 바란다는 의미도 포함되어 있습니다. 그러면 우리보다 우리를 더 사랑하시는 주님이 가장 좋은 길로 인도해 주십니다. 우리는 하나님을 신뢰함으로 하나님에게 맡길 수 있습니다.

저는 여러 가지를 놓고 기도합니다. 자녀에 대해서, 교회에 대해서, 내 주변에 내 힘으로 할 수 없는 많은 일에 대해서 기도합니다. 제가 기도한 대로 다 이루어지는 것은 아닙니다. 하지만 저는 기도했기에 그 결과가 가장 좋은 것임을 신뢰합니다.

저는 지금도 늘 기도하는 제목들이 있습니다. 때로는 하나님에게 이렇게 저렇게 해 달라고 기도하는 내용도 있습니다. 하지만 그렇게 안 될 수도 있습니다. 그래도 저는 기도했기에 받아들일 수 있습니다. 제가 기도하지 않았다면 제 바람대로 안 될 때 실망할 것입니다. 하지만 저는 기도했고 맡겼기에, 나보다 나를 더 사랑하시는 주님이 나에게 가장 좋은 것을 주셨다는 확신을 가질 수 있습니다. 그래서 날마다 저는 기도로 맡깁니다. 염려되고 걱정되면 모든 것을 맡깁니다.

기도하고 맡김으로써 오늘(The Present)이라는 선물을 살아갈 때, 우리의 미래는 밝아지고 걱정하는 그 일은 일어나지 않을 것입니다.

나눔	요즘 당신의 마음과 생각을 사로잡고 있는 염려는 무엇인가요? 가장 큰 순서대로 세 가지만 이야기해 보세요.
적용	하나님에게 염려를 맡기려면 구체적인 기도 제목을 아뢰어야 합니다. 당신은 구체적인 기도 제목을 어떻게 정리하고 있나요? 서로의 방법을 공유합시다. 그중 가장 중요한 기도 제목을 나누고 함께 기도합시다.

염려 거리는 기도 제목이다!

고난의 세상을 살아가는 동안 우리에게는 쉼 없이 염려가 찾아옵니다. 우리 인생의 염려를 해결하는 유일한 방법은 염려를 주님에게 맡겨 버리는 것입니다. 우리는 기도함으로 주님에게 맡길 수 있습니다. 주님에게 맡기면 주님이 가장 좋은 것으로 돌보며 인도해 주십니다.

맡기며 기도할 때 평강으로 응답하신다!

주님을 신뢰하기로 결단하십시오. 우리가 걱정한다고 키가 한 자라도 더해지는 것은 아닙니다. 맡겨 버려야 주님이 책임지고 돌봐주실 수 있습니다. 우리보다 우리를 더 사랑하시는 주님이 가장 좋은 길로 인도해 주십니다. 기도하고 맡김으로써 오늘이라는 선물을 살아갈 때, 우리의 미래는 밝아지고 걱정하는 그 일은 일어나지 않을 것입니다.

함께 기도합시다.
|||||||||||||||||||||||||||||||||||||||||||||||||||||||||||||||||||||||||||||||||||||||||||||||||||||

하나님 아버지, 마음을 짓누르는 여러 가지 일이 있
습니다. 우리 삶에서 나를 진정으로 안전하고 행복하
게 해 주실 분은 예수님뿐인데, 자꾸 이것만 있으면
내 삶이 행복해지는 것처럼 집착하게 되는 헛된 우상
이 있습니다. 그것을 붙잡고 노심초사하며 근심과 염
려에 빠져드는 것을 고백합니다. 이 시간 주님 앞에
그 모든 것을 내려놓기를 원합니다. 예수님은 우리
를 돌보시는 분이며, 내 삶의 주인이십니다. 예수님
안에 진정한 안전이 있고, 행복이 있습니다. 모든 것
을 돌보시는 주님에게, 오늘도 기도로 모든 문제를 맡
기고 살아가길 원합니다. 우리가 기도할 때 하늘 문
을 열어 주시고, 우리 내면의 깊은 근심 속에 있는 집
착과 우상을 보게 하소서. 온전히 우리의 주 되신 예
수님 앞에 모든 것을 내려놓고 믿음으로 걸어가는
삶이 되게 하소서. 우리 주님이 오늘도 우리를 지키
며 가장 좋은 삶으로 인도해 주실 줄 믿습니다. 아멘.

기도하면 달라지는
다섯 번째 변화

문제의 바다 위를 걷게 됩니다

기도하면 매몰되지 않고, 오히려 문제 위를 걷고, 사람들을 구원하는
능력을 얻습니다. 이것이 기도의 능력입니다.

"그러므로 예수께서 그들이 와서 자기를 억지로 붙들어 임금으로 삼으려는 줄 아시고 다시 혼자 산으로 떠나가시니라 저물매 제자들이 바다에 내려가서 배를 타고 바다를 건너 가버나움으로 가는데 이미 어두웠고 예수는 아직 그들에게 오시지 아니하셨더니 큰 바람이 불어 파도가 일어나더라 제자들이 노를 저어 십여 리쯤 가다가 예수께서 바다 위로 걸어 배에 가까이 오심을 보고 두려워하거늘 이르시되 내니 두려워하지 말라 하신대 이에 기뻐서 배로 영접하니 배는 곧 그들이 가려던 땅에 이르렀더라"(요 6:15-21).

기도하면 어떤 일이 일어날까요? 기도하면 문제의 바다 위를 걷게 됩니다. 기도하면 문제를 내려다보게 되고, 문제에 매몰되지 않습니다. 오히려 문제 속에 허덕이는 인생을 구하는 사명자로 살아갈 능력을 얻습니다.

　이 장의 본문은 유혹이라는 배경으로 시작됩니다. 그 유혹은 오병이어의 기적으로 인해 유대인들이 예수님을 왕으로 삼으려고 한 것입니다. 오늘날로 하면, 어느 날 갑자기 여론 조사에서 대선 주자 1위로 급부상한 것입니다. 주님의 인기가 하늘을 찌르는 순간이라 할 수 있습니다. 엄청난 유혹이 다가온 것입니다. 과연 이러한 유혹에 주님은 어떻게 대처하셨을까요?

외로움이 고독으로

성경은 주님이 혼자 산으로 가셨다고 기록하고 있습니다. "다시 혼자 산으로 떠나가시니라"(요 6:15). 병행 구절인 마가복음 6장 46절을 보면, 주님이 산으로 가신 이유는 기도하기 위해서였습니다. "무리를 작별하신 후에 기도하러 산으로 가시니라."

여기서 '혼자'라는 단어와 '산'이라는 단어는 매우 잘 어울립니다. 산은 한적한 곳입니다. 그래서 산은 하나님의 사람들이 하나님과 대면하는 장소입니다. 모세도, 엘리야도 산에서 하나님을 만났습니다.

성경은 예수님이 혼자 산에 가셨음을 강조합니다. 이는 예수님이 철저히 사람의 관심과 인기에서 돌아서서 홀로 서셨음을 강조하는 표현입니다. 이렇게 세상과 단절하고 홀로 설 때 비로소 하나님이 찾아오십니다. 엘리야가 사십 주야를 홀로 걸어 호렙 산에 이르렀을 때 하나님이 그를 찾아오신 것처럼 말입니다. 여기에 주님이 유혹을 이기신 방법이 나옵니다. 세상을 뒤로하고 하나님 앞에 홀로 설 때 찾아오시는 하나님의 임재와 아름다움 그리고 그분과의 깊은 교제가 그것입니다.

시카고 무디기념교회 담임 목사인 어윈 루처(Erwin Lutzer)는 "훨씬 더 나은 어떤 것에 대해서 '예'라고 대답할 수 있는 자만이 유혹에 '안 돼'라고 말할 수 있다"라고 말합니다. 우리가 세상 유혹에 흔들리는 까닭은 그보다 더 나은 것을 보지 못했기 때문입니다. 왜냐하면 우리는 주님처럼 홀로 산으로 가지 않기 때문입니다.

이 시대의 문제는 혼자 있지 못하는 것입니다. 늘 핸드폰, 전화, 컴퓨터 등을 이용해 누군가와 함께 있습니다. 혼자 있지 못할 때 우리가 겪는 최고의 손해는 언제나 혼자 있을 때 찾아오시는 주님을 만나지 못한다는 것입니다.

헨리 나우웬(Henri Nouwen)은 "외로움을 고독으로 승화시키라"라고 말합니다. 외로움이 찾아올 때 전화하고, 누군가를 만나고, 인터넷을 검색하지 말고 주님처럼 철저히 하나님 앞에 홀로 서라는 것입니다. 그때 주님의 깊은 은혜와 아름다움을 경험할 수 있습니다.

인생에 바람이 부는 이유

그런데 본문 15절을 자세히 보면 "다시 혼자 산으로"라고 되어 있습니다. '다시'라는 말은 주님의 습관을 의미합니다. 주님은 늘 제자들과 자신을 떼어서 혼자 산으로, 한적한 곳에 가서 기도하는 습관이 있으셨던 것입니다.

이것이 지도자와 무리의 차이입니다. 주님은 비록 제자들과 공동체 생활을 하셨지만, 주님에게는 혼자 있는 시간이 있었습니다. 늘 새벽, 아직도 밝기 전에 깨어 홀로 계셨고, 때로는 홀로 밤을 지새우셨습니다. 이것이 주님이 구원자로 사명을 다하실 수 있었던 이유입니다.

반면에 주님은 제자들을 바다 저편으로 가게 하셨습니다. 그런데 그 바다에서 제자들에게 무슨 일이 일어났습니까? "큰 바람이 불어 파도가 일어나더라"(요 6:18). 마가복음 6장 48절에 의하면 "바람이 거스르므로", 즉 역풍이 불었습니다.

왜 지금 제자들에게 큰 바람, 역풍이 불었을까요? 이 역풍은 무엇을 거슬러 부는 바람일까요? 주님이 오병이어의 기적 후에 제자들을 재촉해서 보내신 이유는 바로 그들 안에 일어날 허영심, 즉 세상 욕심과 욕망의 유혹 때문이었습니다. 예수님은 유혹 앞에서 스스로 혼자 산으로 물러날 줄 아셨습니다. 하지만 제자들은 그만한 힘이 없었습니다. 그러므로 하나님이 그들의 허영심을 잠재우고 거스르고 유혹의 불을 끄기 위해 큰 바람과 파도를 보내신 것입니다.

창조적 훈련의 고난을 선택하라

성령이 우리의 영혼을 깨우고 살리기 위해 사용하시는 두 조교가 있습니다. 첫째는, '혼자 산으로'라는 조교입니다. 이것은 바로 영성 훈련이라는 조교입니다. 산 기도라는 조교입니다. 철야 기도, 금식 기도, 말씀 묵상의 훈련이라는 조교입니다. 성령은 경건의 훈련이라는 조교를 통해 우리의 심령을 충만하게 하고 세상의 허영심을 못 박으며 거룩하게 이끌어 가십니다. 둘째는, 큰 바람과 파도, 즉 역풍이라는 조교입니다. 고난이라는 조교입니다. 우리가 스스로 혼자 산으로 가지 않을 때 주님은 우리에게 두 번째 조교를 보내십니다.

우리의 선택은 평안이냐, 고난이냐가 아닙니다. 두 조교 모두 고난입니다. 그런데 어떤 고난을 선택하는가가 중요합니다. 보다 창조적인 훈련의 고난을 선택하는가, 아니면 보다 소모적인 역풍의 고난을 선택하는가가 중요합니다.

이것이 바로 우리에게 놓인 선택이며, 우리가 혼자 있어야 하는 이유입니다. 날마다 주님 앞에 혼자 머물러 그분의 음성을 듣지 않으면 오직 고난과 역풍이라는 조교 외에는 우리 마음의 허영심을 잠재워 줄 수단이 달리 없기 때문입니다.

주님이 문제의 바다 위로 걸어와 손 내미신다

반면에 혼자 산에서 기도하신 주님이 우리에게 보여 주시는 모습은 무엇입니까? "밤 사경쯤에 바다 위로 걸어서 그들에게 오사"(막 6:48하). 주님은 문제의 바다 위로 걸어오셨습니다. 그리고 그들을 건져 주셨습니다.

기도할 때 역풍 위를 걷게 됩니다. 고난의 바다 위를 걷습니다. 문제의 바다 위를 걸어갑니다. 기도하면 매몰되지 않고, 오히려 문제 위를 걷고, 사람들을 구원하는 능력을 얻습니다. 이것이 기도의 능력입니다. 기도는 우리를 이처럼 높은 경지로 올려 줍니다.

그렇다면 왜 기도할 때 물 위를 걷게 될까요? 베드로가 물에 빠진 내용을 보면 그 이유를 알 수 있습니다. 요한복음 본문에는 없지만, 마태복음에는 베드로가 물 위를 걷다가 빠진 내용이 나옵니다. "바람을 보고 무서워 빠져 가는지라 소리질러 이르되 주여 나를 구원하소서 하니"(마 14:30). 베드로는 바람을 보고, 즉 바람으로 인해 파도치는 광경을 보고 무서워했으며, 곧 물에 빠졌습니다. 그때 주님이 베드로를 건져 주면서 말씀하셨습니다. "믿음이 작은 자여 왜 의심하였느냐"(마 14:31). 베드로의 믿음이 작아서 의심해서 빠졌다는 것입니다. 믿음이 작다는 것은 바람이 불고 파도가 칠 때 그 믿음을 지속할 능력이 없다는 뜻입니다. 한순간은 충만해서 믿음으로 잘 걸어가다가도 문제가 생기고 역풍이 불면 믿음이 흔들리는 것입니다. 문제 속에서 주님을 바라보는 능력이 부족하기 때문입니다.

그런데 어떻게 주님은 똑같은 육체를 입으셨음에도 큰 바람과 파도가 치는 바다 위를 무려 10여 리나 걸어오실 수 있었을까요? 본문이 그 이유를 암시합니다. 주님의 이 놀라운 기적 이전에 주님이 혼자 산에서 밤새도록 기도하신 장면이 있다는 것입니다. 기도하실 때 성령이 예수님에게 충만해져서 주님 안에 있는 신성이 나타나게 하신 것입니다. 이것이 바로 기도의 능력입니다. 우리가 기도할 때 문제를 이기고 그 바다 위를 걷게 하시는 성령의 능력이 함께합니다.

그런데 여기서 한 가지 주목할 것은, 주님이 하시는 기도의 특징입니다. 지금 예수님이 기도하시는 순간은 실패의 때가 아니고 엄청난 성공의 때입니다. 인기가 하늘을 찌르는 순간입니다. 그때 주님은 유혹을 이기려고 기도하셨습니다. 이처럼 육체의 욕심을 제어하며 기도할 때, 주님 안에 성령이 가장 강력하게 나타나셨습니다.

왜 육체의 욕심을 제어하며 드리는 기도 속에 성령의 능력이 충만하게 나타날까요? 성령이 오신 가장 중요한 목적이 바로 육체의 욕심을 제어해 우리 안에 그리스도를 증거하고, 우리로 하여금 새사람으로 살게 하는 것이기 때문입니다. 그러므로 우리가 그 목적에 맞게 기도할 때 성령이 강력하게 역사하시는 것입니다.

고난의 때에 기도하는 것은 중요합니다. 하지만 성공의 때, 형통의 때, 그래서 유혹이 찾아올 때, 그때 주님처럼 기도하면 강력한 성령의 능력이 우리와 함께하게 됩니다. 지금 이 시대는 유혹의 시대입니다. 혼자 산으로 가야 합니다. 우리는 멈춤의 훈련, 고독의 훈련, 기도의 훈련을 통해 물 위를 걷는 믿음의 사람이 되어야 합니다.

나눔   당신을 기도의 자리로 이끄는 주된 동기는 무엇인가요?

적용   당신은 매일 하나님 앞에 홀로 대면하여 기도하는 시간이 있나요? 기도 시간을 내기 위해 꼭 끊어야 할 일상의 습관은 무엇인가요(늦잠, 드라마, 게임, 전화, 과식, 취미, 관계 등)? 그것을 내어놓고 함께 기도합시다.

기도가 영적인 면역력을 키운다!

성령이 우리의 영혼을 깨우고 살리기 위해 사용하시는 두 조교는 '혼자 산으로'라는 조교와 '역풍'이라는 조교입니다. 우리가 스스로 혼자 산으로 가지 않을 때 주님은 우리에게 두 번째 조교를 보내십니다. 두 조교 모두 고난입니다. 보다 창조적인 훈련의 고난을 선택하는가, 아니면 보다 소모적인 역풍의 고난을 선택하는가가 중요합니다. 이것이 바로 우리에게 놓인 선택이며, 우리가 날마다 하나님 앞에 혼자 머물러 그분의 음성을 들어야 하는 이유입니다.

기도하면 문제를 내려다보게 하신다!

기도하면 매몰되지 않고, 오히려 문제 위를 걷고, 사람들을 구원하는 능력을 얻습니다. 우리가 기도할 때 문제를 이기고 그 바다 위를 걷게 하시는 성령의 능력이 함께합니다.

함께 기도합시다.

하나님 아버지, 세상의 유혹을 이기는 건 기도밖에
없는 줄 아오니, 오늘도 기도의 골방에 나아가게 하
소서. 우리 입을 열어 하나님 아버지를 부를 때, 하늘
문을 열어 큰 은혜를 부어 주시고, 세상이 채워 줄 수
없는 평강과 만족, 부요함으로 우리 영혼을 채워 주
소서. 인생의 역풍이 불 때, 무엇을 거슬러 부는지 깨
닫게 하시고, 세상의 허영심을 버리게 하소서. 우리
가 세상 유혹과 육신의 정욕을 이기기 위해 간구할
때 성령을 부어 주시옵소서. 오늘도 성령 충만하여
승리하며 나아갈 수 있도록 인도해 주시옵소서. 능력
과 권능을 주시어 문제의 바다 위를 걸으며, 그 안에
신음하는 사람들의 손을 잡아 이끌 수 있도록 우리를
사용하여 주시옵소서. 아멘.

삶의 우선순위가 바뀌게 됩니다

열매 맺는 간단한 삶의 원리는
기도를 가장 먼저 하는 것입니다.

"그들이 길 갈 때에 예수께서 한 마을에 들어가시매 마르다라 이름하는 한 여자가 자기 집으로 영접하더라 그에게 마리아라 하는 동생이 있어 주의 발치에 앉아 그의 말씀을 듣더니 마르다는 준비하는 일이 많아 마음이 분주한지라 예수께 나아가 이르되 주여 내 동생이 나 혼자 일하게 두는 것을 생각하지 아니하시나이까 그를 명하사 나를 도와 주라 하소서 주께서 대답하여 이르시되 마르다야 마르다야 네가 많은 일로 염려하고 근심하나 몇 가지만 하든지 혹은 한 가지만이라도 족하니라 마리아는 이 좋은 편을 택하였으니 빼앗기지 아니하리라 하시니라"(눅 10:38-42).

"나는 오늘 할 일이 너무 많아서
보통 때보다 기도할 시간을 더 떼어 놓아야 한다."

_ 마틴 루터(Martin Luther)

기도하면 정말 놀라운 일이 일어납니다. 그러므로 우리는 기도하는 일에 최우선순위를 두어야 합니다. 자고 일어나면 먼저 기도해야 합니다. 그때에 우리의 삶이 완전히 달라집니다. 마르다와 마리아는 기도에 우선순위를 두는 것이 왜 중요한가를 우리에게 보여 줍니다.

예수님과 제자들이 베다니 마르다의 집을 방문했습니다. 음식을 준비해야 하는 마르다는 분주했습니다. 그런데 마리아는 언니를 도와주지 않고 제자들과 함께 방에서 주님의 발치에 앉아 예수님의 말씀을 듣고 있었습니다. 참다못한 마르다는 급기야 예수님에게 마리아 좀 내보내서서 자신을 돕게 해 달라고 했습니다.

그런데 주님의 대답은 어떻습니까? "마르다야 마르다야 네가 많은 일로 염려하고 근심하나 몇 가지만 하든지 혹은 한 가지만이라도 족하니라 마리아는 이 좋은 편을 택하였으니 빼앗기지 아니하리라"(눅 10:41-42). 오히려 마리아를 두둔하고, 마르다를 책망하시는 듯합니다. '마리아처럼 성경 공부하는 사람만 예뻐하시고 마르다처럼 주방에서 일하는 사람은 별로라는 것인가?' 하는 의문이 솟아오릅니다. 그러나 분명 그런 의미는 아닐 것입니다. 예수님의 말씀이 주는 메시지에 귀 기울여 보십시오.

일보다 관계를 선택하라

주님의 말씀은 첫째로, 일보다 관계를 우선시하라는 것입니다. 마르다와 마리아가 대조되는데, 마르다는 늘 일하는 모습으로 나옵니다. 요한복음 12장 2절에도 "거기서 예수를 위하여 잔치할새 마르다는 일을 하고"라고 기록되어 있습니다. 마르다는 늘 일을 했습니다. 그녀는 주님 앞에서 말씀을 듣는 것, 즉 관계보다는 일이나 봉사를 늘 앞세우는 사람이었습니다. 어떤 면에서 마르다에게는 일이 공로이고 우상이었습니다.

반면에 마리아는 어떻습니까? "그에게 마리아라 하는 동생이 있어 주의 발치에 앉아 그의 말씀을 듣더니"(눅 10:39). 주님의 발치에 무릎을 꿇고 앉아 말씀을 들었습니다. 한번은 오라비 나사로가 죽었을 때 주님을 먼저 만난 마르다가 마리아에게 주님이 찾으신다고 하자, 마리아는 달려가서 주님 앞에 무릎 꿇고 엎드려 울었습니다(요 11:32). 또 마리아는 향유를 부을 때 자신의 머리카락으로 주님의 발을 씻기며 그분의 발 앞에 무릎 꿇었습니다(요 12:3). 마리아는 늘 주님 앞에 무릎 꿇는 모습으로 나옵니다. 이 모습은 마리아의 중심에 주님이 계심을 보여 줍니다.

우리 안에는 두 가지 모습이 다 있습니다. 주님의 일을 중시하는 마르다와 주님과의 관계를 중시하는 마리아의 모습이 공존합니다. 그런데 주님은 "마리아는 이 좋은 편(what is better)을 택하였으니"(눅 10:42하)라고 말씀하셨습니다.

여기서 '이 좋은 편'이란 '더 좋은 것'을 말합니다. 즉 주님의 말씀은 마르다의 선택도 좋은데, 마리아의 선택이 더 좋다는 뜻입니다. 주님의 입장에서는 마리아가 더 좋다는 의미를 내포하고 있습니다. 우리가 주님의 일을 열심히 하는 것도 좋지만, 주님은 그것보다 마리아처럼 주님과 교제하는 것을 더 좋아하신다는 의미입니다.

오래전 영국 런던의 웨스트민스터채플에서 사역한 캠벨 몰간(Campbell Morgan) 목사님의 이야기입니다. 캠벨 몰간 목사님은 매일 저녁, 사랑하는 딸의 손을 잡고 런던의 하이드파크를 산책하곤 했습니다. 이 산책 시간이 그에게는 삶의 커다란 즐거움 가운데 하나였습니다. 그런데 크리스마스가 가까운 어느 날, 딸이 당분간은 공원 산책을 할 수 없다며 그 이유를 묻지 말아 달라고 했습니다. 그렇게 며칠이 지나고 크리스마스가 되었을 때, 목사님은 그제야 그 이유를 알게 되었습니다. 딸에게는 아버지에게 성탄 선물로 드릴 슬리퍼를 만들 시간이 필요했던 것입니다.

크리스마스 아침, 선물을 받아든 목사님은 딸에게 이렇게 말했다고 합니다. "사랑하는 딸아, 정말 고맙구나. 이걸 만들기 위해 얼마나 수고가 많았니? 하지만 정직하게 말하자면, 아빠는 이 선물보다 너와 함께 손잡고 산책하는 시간이 훨씬 더 좋단다."

이것이 바로 우리 하나님의 마음입니다. 주님은 우리가 일로 우리를 증명하기를 원하지 않으시고, 존재로 나아가 그분과 교제하기를 바라십니다.

급한 일보다 중요한 일을 선택하라

주님이 주시는 두 번째 메시지는, 급한 일보다 중요한 일을 먼저 하라는 것입니다. 주님이 마르다에게 하신 말씀을 보십시오. "몇 가지만 하든지 혹은 한 가지만이라도 족하니라"(눅 10:42상). 이 말은 가장 중요한 한 가지만이 필요하다는 뜻입니다(NIV, 공동번역).

그러면서 주님은 "마리아는 이 좋은 편을 택하였으니"라고 말씀하셨는데, 그것은 바로 주님과의 교제요, 그분의 발치에 앉아서 말씀을 듣는 일입니다. 반면에 마르다는 많은 일로 마음이 분주했지만 정말 중요한 한 가지, 모처럼 오신 주님의 발 앞에 앉아서 그분이 하시는 말씀에 귀를 기울이지는 못했습니다.

주님에게 인정받는 삶이 시작된다

언뜻 보면 늘 분주하게 일하는 마르다가 더 헌신적인 사람인
것처럼 보입니다. 하지만 그녀는 주님에게 한 번도 칭찬을 받
지 못했습니다. 반면에 주님의 발치에서 말씀만 듣는 마리아는
별로 하는 일도 없는 것 같은데 주님이 인정하셨습니다. 뭔가
불공정한 느낌이 듭니다. 하지만 주님은 틀리지 않으셨습니다.

나중에 마리아는 주님의 발에 값비싼 향유를 부었습니다.
"마리아는 지극히 비싼 향유 곧 순전한 나드 한 근을 가져다가
예수의 발에 붓고 자기 머리털로 그의 발을 닦으니 향유 냄새
가 집에 가득하더라"(요 12:3). 이 모습을 본 가룟 유다가 향유를
300데나리온에 팔아서 가난한 자들에게 주었으면 좋았겠다고
말한 것을 보면, 마리아의 헌신의 가치는 최소 300데나리온
이라고 할 수 있습니다. 1데나리온이 하루 품삯이니까 300데
나리온은 1년 내내 일해야 벌 수 있는 금액입니다.

아무리 마르다가 주님이 오실 때마다 부엌에서 식사를 준
비했다 하더라도, 주님이 공생애 3년 동안 그 집에 몇 번이나
오셨겠습니까? 그들의 집은 예루살렘 근교인 베다니이고, 주
님의 주 무대는 나사렛이었습니다. 명절 때만 며칠씩 올라오

신 것입니다. 그러므로 주님이 여러 차례 오셔서 며칠씩 머무셨다 해도 다 합해야 한 달도 채 되지 않을 것입니다. 마르다가 늘 서서 주님을 섬긴 것을 금액으로 환산하면 사실 마리아의 헌신에 10분의 1도 미치지 못합니다.

그러나 그보다 더 중요한 것은 마리아의 헌신의 질적인 가치입니다. 가룟 유다가 왜 값비싼 향유를 허비하냐고 말하자 그때 주님이 하신 말씀을 새번역 성경으로 읽으면 이해가 잘 됩니다. "그대로 두어라. 그는 나의 장사 날에 쓰려고 간직한 것을 쓴 것이다"(요 12:7하, 새번역). 향유 자체가 주님의 장례를 위해서 예비한 것이라는 말입니다.

마리아는 예수님이 이 땅에 오신 목적이 자기 목숨을 많은 사람의 대속물로 주려는 것임을 알고 있었습니다. 따라서 그 죽음을 향해 한 걸음씩 나아가시는 주님의 발에 감사와 사랑을 담아 향유 옥합을 깨뜨려 부은 것입니다. 이 행위야말로 인류를 향한 주님의 구속 사역에 동참한 위대한 헌신입니다.

하나님의 일을 어떻게 할까

마리아처럼 이 시대에 꼭 필요한 하나님의 일을 하기 위해 우리가 할 수 있는 것은 무엇일까요? 주님은 어떻게 해야 하나님의 일을 할 수 있느냐고 묻는 질문에 이렇게 대답하셨습니다. "예수께서 대답하여 이르시되 하나님께서 보내신 이를 믿는 것이 하나님의 일이니라 하시니"(요 6:29). 우리가 예수님을 믿는 것, 예수님의 말씀을 듣고 주님을 알아 가는 것이 바로 하나님의 일이라는 것입니다. 왜 그럴까요? 그것을 마리아가 보여 줍니다. 주님은 가지가 포도나무에 붙어 있으면 저절로 열매를 맺는다고 하면서 이렇게 말씀하셨습니다. "나는 포도나무요 너희는 가지라 그가 내 안에, 내가 그 안에 거하면 사람이 열매를 많이 맺나니 나를 떠나서는 너희가 아무것도 할 수 없음이라"(요 15:5).

주님을 떠나서는 아무것도 못 한다는 것입니다. 마르다처럼 분주하게 해 봐야 미치지 못합니다. 마리아처럼 늘 주님과 함께할 때 열매를 많이 맺습니다. 그러므로 예수님을 믿고 알아 가고 사랑하는 것이 하나님의 일입니다. 그래서 예수님은 '마르다야, 여러 바쁜 일로 너는 정작 중요한 한 가지를 놓쳤다. 마리아는 그 가장 중요한 일을 선택했다'고 말씀 하시는 것입니다. 마리아는 주님의 발 앞에서 늘 그분의 말씀을 들으며, 주님과 대화하고 교제하는 일을 선택했습니다.

중요한 일을 먼저 하면 결국 다른 바쁜 일도 다 하게 되어 있습니다. 하지만 바쁜 일을 먼저 하면 다른 일은 하지 못하게 됩니다. 우리가 아침에 일어나 주님과의 교제, 기도라는 중요한 일을 미루고 먼저 바쁜 일을 하면 결국 그 일에 파김치가 되어 기도하지 못한 채 침대에 쓰러져 잠들고 맙니다. 그러나 기도를 먼저 하면 그 작은 시간을 투자해서 다른 많은 일을 할 수 있는 힘과 에너지를 얻게 됩니다. 그 시간을 통해 하나님의 자원이 우리의 삶 속에 흘러들어와 우리의 영혼이 하늘의 생명력으로 충만해지고, 그날 하루 일어나는 수많은 일을 해 나갈 힘과 능력을 얻게 됩니다. 단순한 것 같지만 가장 중요한 원리입니다. 일어나면 먼저 기도해야 합니다.

하기 싫은 기도를 먼저 하라

예수님은 "마리아는 이 좋은 편을 택하였으니 빼앗기지 아니하리라"(눅 10:42하)라고 말씀하셨습니다. 마리아는 '이 좋은 편'을 선택했습니다. 마리아가 의지적으로 선택했다는 뜻입니다.

토마스 아 켐피스(Thomas a Kempis)는 "나이를 먹는다고 저절로 좋은 사람이 되는 것이 아니다"라고 말했습니다. 마르다가 나이가 들면 저절로 마리아가 되는 것이 아닙니다. 저절로 좋은 사람이 되는 것이 아니라, 선택에 의해서 결정되는 것입니다.

사실 우리가 아침에 먼저 말씀을 묵상하고 기도한다는 것은 쉬운 일이 아닙니다. 왜냐하면 우리의 육신은 영적인 것을 싫어하기 때문입니다. 하지만 인생은 싫어하는 일을 먼저 해야 행복해집니다. 저희 아이들이 어릴 때 제가 반복적으로 해 준 이야기가 있습니다. "좋아하는 일보다 싫어하는 일을 먼저 해라. 그러면 행복하다. 숙제는 싫고 게임은 좋지? 그러면 싫은 숙제를 먼저 해라. 그러면 게임도 행복하게 할 수 있다."

영적으로도 똑같습니다. 우리가 기도하는 것을 육신은 싫어합니다. 그런데 그 싫어하는 일을 먼저 해야 하는 것입니다. 아침에 하기 싫어도 기도를 먼저 하고 말씀 묵상을 먼저 하면 우리의 감정이 달라집니다. 육신이 좋아하는 일을 싫어하게 되고 순종하는 삶을 살게 됩니다.

그러므로 '아침에 기도를 먼저 하는가, 바쁜 일을 먼저 하는가?' 이것이 삶의 열매를 좌우합니다. 열매 맺는 간단한 삶의 원리는 기도를 가장 먼저 하는 것입니다. 하기 싫은 기도를 먼저 하십시오. 그러면 정말 인생이 완전히 달라집니다.

나눔	당신은 마르다와 마리아 중에서 심정적으로 어느 쪽에 마음이 더 가나요? 그 이유는 무엇인가요?
적용	찰스 힘멜(Charles Hummel)은 우리 일을 '중요하고 급한 일', '중요하지만 급하지 않은 일', '중요하지 않지만 급한 일'로 나누었습니다. 당신의 하루를 위의 세 가지 분류에 따라 정리해 보세요. 늘 뒤로 밀리는 '중요하지만 급하지 않은 일'이 있나요? 함께 나누고, 우선순위를 결단하고, 지킬 수 있도록 서로 기도로 도와주세요.

급한 일보다 중요한 일을 먼저 하라!

우리 안에는 주님의 일을 중시하는 마르다와 주님과의 관계를 중시하는 마리아의 모습이 공존합니다. 그런데 주님은 우리가 주님과 교제하는 것을 더 좋아하십니다. 또한 주님은 급한 일보다 중요한 일을 먼저 하라고 말씀하셨습니다.

먼저 기도해야 열매가 맺힌다!

마리아는 주님의 발 앞에서 늘 무릎 꿇고 그분의 말씀을 들으며 주님과 대화하고 교제하는 일을 선택했기에 인류를 향한 주님의 구속 사역에 동참할 수 있었습니다. 마리아는 '이 좋은 편'을 선택했습니다. 열매 맺는 간단한 삶의 원리는 먼저 기도하는 것입니다. 하기 싫은 기도가 있다면 먼저 하십시오. 그러면 인생이 달라집니다.

함께 기도합시다.

주님, 일보다 주님과의 관계, 교제가 앞서게 하소서. 일하다 주님과의 교제를 잃지 말게 하소서. 일이 우상이 되지 않게 하소서. 마리아처럼 존재로 살며 내 존재의 중심에 예수님을 모시고 주님과 동행하게 하소서. 급한 일로 중요한 것을 희생하지 않게 하시고 소중한 것을 먼저 하도록 인도해 주시길 원합니다. 바쁠수록 깨어 기도하게 하시고, 모든 일에 먼저 기도하게 하소서. 거기서 날마다 능력을 덧입게 하소서. 기도, 말씀, 예수님을 먼저 선택하게 하소서. 그래서 주님에게 쓰임 받게 하시고, 열매 맺게 하시며, 가정이 회복되게 하소서. 아멘.

(7)

기도하면 달라지는
일곱 번째 변화

기적의 기도 행진이 시작됩니다

믿음은 상황을 외면하는 것이 아닙니다. 상황을 정확히 보고
그 상황 속에서 주를 바라보는 것이 믿음입니다.

"이스라엘 자손들로 말미암아 여리고는 굳게 닫혔고 출입하는 자가
없더라 여호와께서 여호수아에게 이르시되 보라 내가 여리고와 그 왕
과 용사들을 네 손에 넘겨주었으니 너희 모든 군사는 그 성을 둘러 성
주위를 매일 한 번씩 돌되 엿새 동안을 그리하라 제사장 일곱은 일곱
양각 나팔을 잡고 언약궤 앞에서 나아갈 것이요 일곱째 날에는 그 성
을 일곱 번 돌며 그 제사장들은 나팔을 불 것이며 제사장들이 양각 나
팔을 길게 불어 그 나팔 소리가 너희에게 들릴 때에는 백성은 다 큰 소
리로 외쳐 부를 것이라 그리하면 그 성벽이 무너져 내리리니 백성은
각기 앞으로 올라갈지니라 하시매"(수 6:1-5).

기도하면 놀라운 일이 일어납니다. 기도는 정말 중요합니다. 그러므로 일어나면 먼저 기도해야 합니다. 그 기도를 매일 하면 놀라운 기적이 일어납니다. 이 장에서는 매일 기도로 행진할 때 어떤 일이 일어나는가를 살펴보겠습니다. 이 장의 본문은 이스라엘 백성이 여리고 성을 도는 내용입니다.

문제의 한복판에서 하나님만 응시하라

하나님은 불가능해 보이는 여리고 성을 향해서 어떻게 하라고 말씀하셨습니까? "너희 모든 군사는 그 성을 둘러 성 주위를 매일 한 번씩 돌되 엿새 동안을 그리하라"(수 6:3). 그리고 이어서 "일곱째 날에는 그 성을 일곱 번 돌며"(수 6:4하)라고 말씀하셨습니다.

사실 이 일은 한편으로 생각하면 매우 위험한 시도입니다. 고고학적 발굴 보고에 의하면, 여리고 성은 4-5미터를 간격으로 두 겹의 성벽으로 되어 있고 높이는 10미터 정도로 추정된다고 합니다. 지리상 저지대이면서도 언덕에 위치해 있어 그야말로 난공불락의 성이었습니다.

우리는 문제를 잘 모를 때는 믿음을 가지기가 쉽습니다. 그러나 문제의 실체가 보이고 예상되는 암담한 현실을 다 목격하게 되면 믿음이 약해지기 시작합니다. 과거 이스라엘 정탐꾼 열두 명은 40일 동안 가나안 땅을 탐지했는데, 그 땅을 직접 보고는 그중에 열 명이 믿음을 잃어버리고 말았습니다.

이처럼 매일 여리고 성을 한 바퀴씩 도는 일에는 자칫 불신앙의 위험이 도사리고 있었습니다. 하지만 하나님은 그 성을 돌라고 하셨습니다. 그 이유가 무엇일까요?

상황을 정면으로 직시하라는 뜻입니다. 그냥 눈 감고 "하나님, 도와주세요" 하면 안 됩니다. 지금 상황이 어떠한지 두 눈 뜨고 정확하게 봐야 합니다. 직시해야 합니다. 그리고 바로 그 상황 속에서 하나님을 의뢰해야 합니다.

상황이 얼마나 어려운지 모르는 채 그저 하나님을 의지하고 의뢰하는 것은 진정한 믿음이 아닙니다. 우리는 상황을 정확하게 알아야 합니다. 절망적인 상황이라면 절망의 끝에서 봐야 하는 것입니다. 믿음은 상황을 외면하는 것이 아닙니다. 상황을 정확히 보고 그 상황 속에서 주를 바라보는 것이 믿음입니다.

그런데 하나님은 이스라엘 백성에게 여리고 성 주위를 어떻게 돌라고 하셨습니까? 제사장들이 언약궤를 메고, 일곱 제사장은 일곱 양각 나팔을 잡고, 그 앞뒤로 이스라엘 군사들이 행진하라고 하셨습니다.

언약궤는 하나님의 임재를 상징합니다. 양각 나팔은 희년이나 절기에 부는 것으로, 역시 하나님의 임재를 상징하며 예배와 찬양을 가리킵니다. 다른 경우에 나팔은 기도를 상징하기도 합니다. 민수기 10장 9절은 "또 너희 땅에서 너희가 자기를 압박하는 대적을 치러 나갈 때에는 나팔을 크게 불지니 그리하면 너희 하나님 여호와가 너희를 기억하고 너희를 너희의 대적에게서 구원하시리라"라고 말씀합니다. 전쟁에 나갈 때 은 나팔을 부는 것은 온 백성이 긴급하게 하나님에게 부르짖는 기도를 연상시킵니다. 그러므로 여리고 성에서 나팔을 불며 언약궤를 메고 행진하는 것은 예배의 행진, 기도의 행진을 의미합니다.

이 행진에 대해 히브리서 기자는 "믿음으로 칠 일 동안 여리고를 도니 성이 무너졌으며"(히 11:30)라고 기록합니다. 믿음으로 여리고를 돌았다는 것입니다. 히브리서에서 믿음이란 '보지 못하는 것을 보는 것'을 말합니다. 보이지 않는 하나님의 말씀, 약속을 믿는 것입니다. 즉 이스라엘 백성은 이행진을 통해서 눈에 보이는 여리고 성의 불가능을 바라본 것이 아니라, 불가능한 상황 위에 계시는 하나님을 보았던 것입니다.

숙제처럼 매일 기도, 먼저 기도

중요한 것은 우리가 어떻게 매일의 삶의 현장에서 믿음을 가질 수 있느냐는 것입니다. 이스라엘 백성이 언제 여리고 성을 돌았습니까? "또 여호수아가 아침에 일찍이 일어나니 제사장들이 여호와의 궤를 메고"(수 6:12). "일곱째 날 새벽에 그들이 일찍이 일어나서 전과 같은 방식으로 그 성을 일곱 번 도니 그 성을 일곱 번 돌기는 그날뿐이었더라"(수 6:15).

그들은 하루를 시작하는 아침, 해가 뜨자마자 언약궤를 앞세우고 여리고 성을 한 바퀴씩 돌았습니다. 양각 나팔을 불며 주님을 바라보면서 예배하고 기도하는 마음으로 천천히 한 바퀴를 도는 데 아마 1시간 정도 걸렸을 것입니다. 그들은 매일 새벽, 문제의 한복판에서 성벽을 무너뜨리실 하나님을 바라보며 예배한 것입니다.

여기에 아주 중요한 교훈이 있으며, 우리에게 바로 이러한 태도가 필요합니다. 우리가 일어나자마자 바쁜 일을 하고, 텔레비전을 켜고, 인터넷을 검색하면 우리의 삶에 다가오는 현실의 어려움을 이길 힘을 얻지 못합니다. 속수무책인 것입니다. 하지만 일어나자마자 아무리 힘들고 어려운 일이 있어도 하나님을 예배하고 말씀을 듣고 기도할 때, 우리는 그 문제 속에서 먼저 주님을 바라보게 됩니다. 기도를 통해서 우리의 염려를 주님에게 맡겨 버리게 되는 것입니다. 우리의 걸음을 주님에게 의탁하게 되는 것입니다. 그래야 그다음에 그 문제 속에서 하나님이 행하실 일을 기대할 수 있습니다. 기도하지 않은 사람은 언제나 걱정만 합니다. 하지만 기도한 사람, 매일 열심히 문제를 하나님에게 올려 드린 사람은 기대합니다.

우리가 이 세상에서 믿음을 유지하는 방법은 하나뿐입니다. 매일 새벽 1시간, 주님에게 예배하고 기도하며 하나님만 바라보는 것입니다. 그래서 예수님은 새벽, 아직도 밝기 전에 한적한 곳에 나아가 기도하셨습니다.

매일 기도하는 것 그리고 먼저 기도하는 것이 중요합니다. 우리는 숙제처럼 이 일을 해야 합니다. 그러다 보면 더 이상 숙제가 아니라 우리 삶의 가장 행복한 시간이 됩니다. 그러면 기적이 일어날 것입니다.

침묵 기도 후 믿음의 말이 터져 나온다

여호수아가 성벽을 도는 이스라엘 백성에게 명령합니다. "너희는 외치지 말며 너희 음성을 들리게 하지 말며 너희 입에서 아무 말도 내지 말라 그리하다가 내가 너희에게 명령하여 외치라 하는 날에 외칠지니라 하고"(수 6:10). 입을 다물고 침묵으로 행진하라는 것입니다.

침묵은 두 가지 기능을 합니다.

첫째, 불평을 막습니다. 만일 이스라엘 백성에게 말할 수 있는 자유가 주어졌다면 누군가 분명 이렇게 말했을 것입니다. "와, 저 성벽 좀 봐! 정말 대단해. 우리가 이렇게 성벽 주위를 돈다고 저 대단한 성벽이 무너지겠어? 여호수아 장군이 제정신이 아닌 것 같아."

하나님의 역사를 가로막는 최대의 장애물은 말입니다. 여호수아 세대의 부모들은 말로 망했습니다. 그들은 자신들의 부모들이 원망하고 불평하다가 망했다는 사실을 다 알고 있었습니다. 따라서 그들은 여호수아의 명령에 순종해 입을 다물었습니다.

둘째, 침묵은 기도가 됩니다. 이스라엘 백성은 매일 한 번씩 언약궤를 바라보고 양각 나팔 소리를 들으면서 아마도 기도했을 것입니다. 처음에는 여리고 성의 위용에 놀라 의심했겠지만, 불평과 의심의 입을 다물고 계속 양각 나팔 소리를 들으면서 도는 가운데 그들의 침묵은 기도로 바뀌었을 것입니다. 그렇게 매일 침묵의 행진, 기도의 행진을 하면서 믿음이 커지고, 두려움이 사라지고, 하나님을 기대하는 마음이 가득해졌을 것입니다. 바로 그 믿음으로 외칠 때 여리고 성이 무너지는 기적이 일어난 것입니다.

말이 인생을 결정합니다. 불평하고 원망하고 비난하면, 그 말이 내 삶에 부메랑으로 돌아옵니다. 중요한 것은 믿음의 말입니다. 어려움 속에서도 믿음의 말을 하려면 매일 기도하되, 마음에 믿음이 가득 찰 때까지 기도해야 합니다. 그 믿음의 마음에서 나오는 믿음의 말을 하십시오. 그때 역사가 일어납니다.

끝까지 순종

이스라엘 백성은 철저하게 순종했습니다. 상식적으로 말이 안 되는 명령이었지만 그들은 엿새 동안은 하루에 한 바퀴씩 그리고 마지막 일곱째 날에는 일곱 바퀴, 도합 열세바퀴를 다 돌았습니다. 중간에 성벽이 갈라지는 등 어떤 조짐도 전혀 없었지만 끝까지 철저하게 말씀대로 순종했습니다. 그리고 그 결과 성벽이 무너졌습니다.

이 순종의 행위의 핵심은 무엇입니까? 기도의 행진, 예배의 행진입니다. 아침마다 주님을 바라보며 예배하고 기도하는 삶을 끝까지 순종해 보십시오. 그때 기적이 일어납니다.

나눔	답답하거나 불가능해 보이는 문제에 부딪힐 때 당신은 무슨 생각을 가장 먼저 하나요? 여리고 성이 무너졌듯이 당신의 삶에 무너지기를 원하는 영역이 있다면 무엇인가요?
적용	믿음의 갈등을 이기고 하나님에게 순종하기 위해 당신의 삶의 영역을 조정하게 해 달라고 함께 기도합시다.

믿음은 시선을 잃지 않는 싸움이다!

여리고 성은 난공불락의 성이었습니다. 이스라엘 백성은 불가능한 상황 위에 계시는 하나님을 보았습니다. 매일의 삶의 현실에서 믿음을 가질 수 있는 방법은 숙제처럼 매일 기도하는 것 그리고 먼저 기도하는 것입니다. 그러다 보면 더 이상 숙제가 아니라 내 삶의 가장 행복한 시간이 됩니다. 이스라엘 백성은 여리고 성벽 주위를 침묵하며 행진했습니다. 믿음의 마음에서 나오는 믿음의 말을 할 때 역사가 일어납니다.

끝까지 순종할 때 기적이 일어난다!

이스라엘 백성은 끝까지 철저하게 말씀대로 순종했고, 그 결과 성벽이 무너졌습니다. 이 순종의 행위의 핵심은 기도의 행진, 예배의 행진입니다. 아침마다 주님을 바라보며 예배하고 기도하는 삶을 끝까지 순종할 때, 기적이 일어납니다.

함께 기도합시다.

불가능해 보이는 현실 속에서도 믿음으로 하나님만 바라보게 하소서. 시선을 잃지 않게 하소서. 매일 기도하고 말씀을 묵상하면서 주님과 동행함으로 믿음의 시선을 가지고 일상의 모든 일을 보게 하소서. 불평의 말을 제거하고 침묵 속에서 기도함으로 불신의 마음이 믿음의 마음이 되게 하시고, 불평의 말이 믿음의 말로 바뀌게 하소서. 불가능한 상황 속에서도 기도의 순종, 예배의 순종, 말씀의 순종을 드리며 주님만 바라보게 하소서. 매일 주님과의 동행을 통해 불가능해 보이는 일을 해결하시는 하나님의 역사를 경험하게 하소서. 아멘.

뿌리내린 기도로 한계를 돌파합니다

뿌리 깊은 나무가 바람에 흔들리지 않는 것처럼,
기도가 습관처럼 뿌리내리면 우리의 삶이 흔들리지 않도록
붙잡아 줍니다.

"새벽 아직도 밝기 전에 예수께서 일어나 나가 한적한 곳으로 가사 거기서 기도하시더니 시몬과 및 그와 함께 있는 자들이 예수의 뒤를 따라가 만나서 이르되 모든 사람이 주를 찾나이다 이르시되 우리가 다른 가까운 마을들로 가자 거기서도 전도하리니 내가 이를 위하여 왔노라 하시고 이에 온 갈릴리에 다니시며 그들의 여러 회당에서 전도하시고 또 귀신들을 내쫓으시더라"(막 1:35-39).

우리는 먼저 기도해야 하고, 매일 기도해야 합니다. 이렇게 기도가 습관이 되면 정말 놀라운 유익을 얻습니다. 이 장의 본문은 주님의 뿌리내려진 기도를 보여 줍니다.

기도가 뿌리내린 삶

뿌리는 보이지 않는 땅속에서 뻗어 갑니다. 이처럼 아무도 모르는 시간, 아무도 모르는 장소에서 내가 은밀히 하는 행동이 바로 내 속에 뿌리내린 행동입니다. 아침에 일어나자마자 아무도 보지 않는 시간에 하는 행동, 이것이 바로 나에게 뿌리내린 것입니다.

예수님은 어떠하셨습니까? "새벽 아직도 밝기 전에 예수께서 일어나 나가 한적한 곳으로 가사 거기서 기도하시더니" (막 1:35). 새벽 아직 동트기 전에, 즉 모두가 잠들어 있는 시간에 주님은 한적한 곳, 아무도 모르는 장소로 가셨습니다. 그 한적한 곳에서 주님은 기도하셨습니다. 이것이 바로 주님의 삶 속에 뿌리내린 행동입니다.

또한 뿌리는 긴 시간 반복적인 행동을 통해 땅속에 뿌리를 내립니다. 때로 꽃이나 나무가 척박하고 단단한 바위틈을 뚫고 자라나 있는데, 이는 더 길고 처절하게 땅을 뚫는 반복적인 행동 끝에 뿌리를 내리고 그 자리에 정착하게 된 것입니다.

그런 면에서 이 장의 본문은 우리 예수님의 하루 일과를 보여 줍니다. 하루 종일 회당에서 가르치시고, 베드로의 장모님 댁에 심방 가서 병을 고쳐 주시고, 저녁에는 병자와 귀신 들린 자를 고치셨습니다. 그리고 다음 날 아침, 예수님은 얼마나 피곤하셨을까요? 그런데 주님은 새벽에 일어나 한적한 곳에 가서 기도하셨습니다. 이는 공생애 기간에 매일 반복된 주님의 삶의 패턴이었음을 보여 주는 말씀입니다.

이처럼 내 삶에 뿌리내린 행동은 오랜 시간 반복에 의해 형성된 행동을 말합니다. 아리스토텔레스(Aristoteles)는 "사람은 반복적으로 행하는 것에 의해 결정되는 존재다. 어떤 사람의 우수성은 한 번의 어떤 행동이 아니라 바로 습관에 달려 있다"라고 말했습니다. 매일 반복하는 행동, 평생을 걸쳐 형성된 습관이 오늘의 나를 만들어 낸 것입니다.

뿌리내린 기도의 유익이 내 삶이 된다

인터넷 검색창에서 뿌리의 기능을 검색해 보니, 뿌리는 네 가지 역할을 한다고 합니다. 첫째, 흙 속에 뿌리를 내려 몸체를 지탱해 주는 지지 작용입니다. 둘째, 흙에서 영양분을 흡수해 줄기에 공급하는 파이프 역할입니다. 셋째, 산소를 받아들이고 이산화탄소를 방출하는 호흡 작용입니다. 넷째, 사용하고 남은 영양분을 저장해 주는 저장 작용입니다.

이처럼 기도가 우리의 인생에 뿌리내리면 우리의 삶에 다음과 같은 네 가지 축복을 가져다줍니다.

삶이 흔들리지 않게 지지해 준다

뿌리 깊은 나무는 바람에 흔들리지 않는 것처럼, 기도가 습관처럼 뿌리내리면 우리의 삶이 흔들리지 않도록 붙잡아 줍니다.

제자들이 주님에게 와서 무엇이라고 말했습니까? "모든 사람이 주를 찾나이다"(막 1:37). 전날 주님의 말씀을 들으며 은혜와 치유를 경험한 사람들이 아침부터 주님을 찾는다는 것입니다. 예수님의 인기가 하늘을 찔렀습니다. 그러나 주님은 "우리가 다른 가까운 마을들로 가자 거기서도 전도하리니 내가 이를 위하여 왔노라"(막 1:38)라고 말씀하셨습니다. 주님은 인기나 사람들의 인정에 흔들리지 않고, 사람들을 구원하러 온 자신만의 길을 걸어가기로 결정하셨습니다. 기도가 주님으로 하여금 사람들에 의해 흔들리지 않게 해 준 것입니다.

물에 빠진 사람을 구하려면 먼저 그 사람에게서 벗어나야 합니다. 마찬가지로 우리가 사람들을 구원하는 사명의 길을 가려면 먼저 인기나 사람들의 평판에서 구원받아야 합니다. 우리가 기도할 때 사람에게서 구원받습니다.

우리 삶에 하나님의 자원을 공급해 준다

뿌리가 땅속에 있는 영양분을 흡수해 줄기로 운반해 주듯이, 기도는 우리의 삶에 하늘의 은혜와 능력을 운반해 줍니다. 하나님은 기도라는 파이프를 통해서 우리의 삶에 하늘의 자원을 공급해 주십니다.

본문에 기록된 주님의 기도는 전날의 수많은 사역과 권능의 원천이 무엇이었는지를 보여 줍니다. 매일 새벽 기도를 하시는 주님의 기도가 바로 하늘의 자원을 공급받는 파이프였던 것입니다. 기도의 파이프가 연결되는 순간, 온갖 좋은 것이 우리의 삶 속에 들어옵니다. 기도할 때 주님의 능력에 붙들려 쓰임 받게 됩니다.

영혼을 깨끗하고 활력 있게 해 준다

뿌리의 또 하나의 기능이 호흡 작용입니다. 살아 있는 모든 것은 호흡을 통해 생명력을 유지하는데, 그것은 살아 있는 우리의 영혼도 마찬가지입니다. 우리는 기도를 통해 우리 안의 영적인 이산화탄소인 더러운 죄와 욕심을 내보내고, 영적인 산소인 하늘의 생명을 들이마십니다. 그래서 기도하면 생명력이 풍성해집니다.

요즘 코로나19로 인해 KF94 마스크를 오래 쓰게 되는데, 폐 기능이 약한 분들은 산소를 충분히 흡입하지 못해서 두통이나 어지러움을 느낍니다. 이처럼 기도를 충분히 하지 않으면 영적인 호흡이 부족해져서 영적인 생명이 시들어 버립니다. 하지만 기도의 호흡을 왕성하게 하면 그 영혼은 항상 산소처럼 싱그럽습니다. 다윗의 인생은 힘들었지만, 그는 하나님에게 기도로 분노와 두려움을 토해 내고, 신선한 하늘의 은혜를 호흡함으로 늘 생명력을 유지할 수 있었습니다.

성장하면 호흡량도 많아져야 하듯이, 영적으로 성장하고 사역의 무게가 무거워질수록 그만큼 많이 기도해야 합니다. 그러면 그 날마다의 기도가 우리를 산소 같은 사람으로 만들어 줍니다.

한계를 돌파하게 한다

마지막으로, 뿌리는 영양분을 저장하는 역할을 합니다. 뿌리는 사용하고 남은 영양분을 저장합니다. 열매를 맺지 않는 겨울철에는 영양분을 더 많이 저장합니다. 그러다가 열매가 필요할 때 왕성하게 공급해 줍니다. 이처럼 매일 드리는 기도는 그날그날의 능력이 되고, 남은 은혜는 삶 속에 저장됩니다.

그래서 기도가 뿌리내린 사람은 남을 돕는 사람이 됩니다. 힘이 없는 사람을 붙들어 주고, 그들의 짐을 져 주는 인생을 살아갑니다. 또한 그는 매일 기도하며 기도의 용량이 점점 커져서 한계를 돌파합니다. 어떤 분야든 1만 시간을 돌파하면 전문가적인 소양이 생기고 새로운 차원이 열리듯이, 기도를 습관적으로 매일 하면 기도의 차원이 달라지고 기도의 용량이 커져서 한계를 돌파하는 삶을 살게 됩니다.

작은 일은 해내지만 큰 일 앞에 물러서는 사람들이 있습니다. 왜 그럴까요? 영적인 내공이 부족하기 때문입니다. 큰 성취 앞에 물러서지 않으려면, 큰 위기 앞에서 넘어지지 않으려면 매일 기도해야 합니다. 기도를 끝까지 하십시오. 기도가 습관이 되게 하십시오.

기도가 뿌리내리기 위한 삶의 지침

기도가 삶에 뿌리내리려면 몇 가지 지침이 필요합니다. 첫째, 기도 시간과 장소를 구체적으로 정하십시오. 시간과 장소가 정해져 있어야 주저함 없이 기도의 자리로 나아가게 됩니다. 언제, 어디에서, 몇 시에 할지 결정하고 약속하십시오.

둘째, 자신의 눈높이에서 시작해서 매일 해야 합니다. 기도를 한 번 하고 말 게 아니라 평생 할 거라면 자기 수준을 잘 알고 시작해야 합니다. 더욱 중요한 것은 매일 하는 것입니다. 일단 시간을 정하면 질이 안 따라도 양을 채울 각오를 해야 합니다. 그러다 보면 어느 순간 양이 질을 낳습니다.

셋째, 반드시 소리 내어 기도해야 합니다. 입을 열어서 내 목소리가 내 귀에 들리도록 기도하십시오. 목소리를 내면 영혼과 마음이 말에 집중하고 따라갑니다. 말이 몸을 통제합니다. 입술을 지으신 하나님이 우리 기도를 듣고 응답하십니다.

넷째, 교회 지체 또는 가족과 함께 기도하십시오. 혼자서는 습관을 고치기가 어렵습니다. 삶이 변하기 위해서는 공동체가 필요합니다. 서로 격려하는 모임이 있을 때 변화가 일어납니다.

기도가 삶에 뿌리내리면 우리 삶에 하나님의 응답과 생명이 공급되고, 하나님을 경험하는 놀라운 일들이 이어질 것입니다.

나눔 습관이 초래하는 결과는 늦게야 그 모습을 드러낸다는 말이 있습니다. 당신의 삶 속에 오래된 습관으로 말미암는 해로움과 이로움이 무엇인지 각각 나누어 보세요. 그리고 올해 꼭 바꾸고 싶은 습관이 있다면 무엇인지도 나누어 보세요.

적용 기도 습관을 계속하기 위해 하루 중 언제 기도할지 기도 시간을 정해 봅시다. 혼자가 힘들다면 당신에게 필요한 도움은 무엇인가요? 주일성수, 새벽 기도, 금요 기도회 등 기도와 관련된 교회 프로그램이 있다면 참여하기로 결단하고 함께 기도하세요.

뿌리내린 기도가 우리 삶을 지탱한다!

우리는 먼저 기도해야 하고, 매일 기도해야 합니다. 주님은 새벽 아직 동트기 전에 한적한 곳에서 기도하셨습니다. 이것이 바로 주님의 삶 속에 뿌리내린 행동입니다. 뿌리내린 기도는 삶이 흔들리지 않도록 지지해 주고, 우리 삶에 하나님의 자원을 공급해 주고, 영혼을 깨끗하고 활력 있게 해 주고, 한계를 돌파하게 합니다.

기도의 뿌리에 은혜가 쌓이고 저장된다!

큰 성취 앞에 물러서지 않으려면, 큰 위기 앞에서 넘어지지 않으려면 매일 기도해야 합니다. 기도를 끝까지 하십시오. 기도가 습관이 되게 하십시오. 그러면 그 기도가 우리 인생에 놀라운 유익을 가져올 것입니다.

함께 기도합시다.

주님, 기도가 습관이 되어 매일 기도함으로 성령의 권능을 덧입고 그 능력으로 사역하게 하소서. 사람의 인정이라는 유혹에서 구원받고 묵묵히 사명의 길을 걸어가게 하소서. 기도가 하늘의 무한한 능력과 자원을 공급받는 파이프임을 알고 힘들고 약할 때 무릎 꿇게 하소서. 기도로 매일 주님의 순결하고 거룩한 은혜를 호흡함으로 우리의 영혼이 날마다 새로워지는 은혜를 누리게 하소서. 기도를 통해 모든 분노와 상처를 쏟아내고 주님을 바라보며 하늘의 생명을 호흡하게 하소서. 매일 기도드리는 습관으로 은혜가 내면화되고, 기도의 용량이 커지게 하소서. 단단히 뿌리내린 믿음으로 연약한 자를 돕고, 한계를 돌파하며, 후손을 축복하는 인생이 되게 하소서. 아멘.

낙심 없이 끝까지 갑니다

낙심하지 않고 기도하는 사람은 하나님의 응답과
그분의 통치를 자기 삶의 현장에서 경험합니다.

"예수께서 그들에게 항상 기도하고 낙심하지 말아야 할 것을 비유로 말씀하여 이르시되 어떤 도시에 하나님을 두려워하지 않고 사람을 무시하는 한 재판장이 있는데 그 도시에 한 과부가 있어 자주 그에게 가서 내 원수에 대한 나의 원한을 풀어 주소서 하되 그가 얼마 동안 듣지 아니하다가 후에 속으로 생각하되 내가 하나님을 두려워하지 않고 사람을 무시하나 이 과부가 나를 번거롭게 하니 내가 그 원한을 풀어 주리라 그렇지 않으면 늘 와서 나를 괴롭게 하리라 하였느니라 주께서 또 이르시되 불의한 재판장이 말한 것을 들으라 하물며 하나님께서 그 밤낮 부르짖는 택하신 자들의 원한을 풀어 주지 아니하시겠느냐 그들에게 오래 참으시겠느냐 내가 너희에게 이르노니 속히 그 원한을 풀어 주시리라 그러나 인자가 올 때에 세상에서 믿음을 보겠느냐 하시니라"(눅 18:1-8).

"하나님이 '기다리라' 하셨다면
그분은 절대로 늦지 않으심을 알아야 한다."

_ 길버트 비어스(Gilbert Beers)

기도를 먼저 그리고 매일 하며 그것을 습관화할 때, 기도는 우리 삶에 큰 유익과 기적을 가져옵니다. 성경은 이처럼 우리에게 끈질기게, 지속적으로, 끝까지 기도하라고 가르칩니다. 이 장의 본문도 끈질긴 기도의 필요성을 이야기합니다.

끝까지, 응답받을 때까지

"예수께서 그들에게 항상 기도하고 낙심하지 말아야 할 것을 비유로 말씀하여"(눅 18:1). 이 말씀의 주제는 '낙심하지 말라'가 아니라 '낙심하지 말고 항상 기도하라'는 것입니다. 즉 끈기 있게 기도하라는 것입니다.

왜 우리는 기도를 중단하거나 포기하지 않고 끈기 있게 지속해서 해야 할까요? 끈기 그 자체가 일하기 때문입니다. 과부가 보여 준 것은 단 하나, 끈기입니다. 과부는 낙심하고 포기할 만한 요소들이 많은데도 절대 포기하지 않고 매일 재판장을 찾아갔습니다. "그 도시에 한 과부가 있어 자주 그에게 가서"(눅 18:3). '자주 갔다', 이 한 가지 사실이 중요합니다. 그녀가 재판장을 찾아가서 영적 감화를 주었다거나 선물로 마음을 산 일은 없었습니다.

그렇게 과부가 자주 찾아갔을 때, 재판장이 속으로 무엇이라 했습니까? "그가 얼마 동안 듣지 아니하다가 후에 속으로 생각하되 내가 하나님을 두려워하지 않고 사람을 무시하나"(눅 18:4). 여전히 신앙이나 인격에 변화는 없었습니다. 그런데 왜 과부의 원한을 들어주었습니까? "이 과부가 나를 번거롭게 하니 내가 그 원한을 풀어 주리라 그렇지 않으면 늘 와서 나를 괴롭게 하리라 하였느니라"(눅 18:5). 또 와서 자신을 괴롭게 할 테니 그 원한을 들어주어야겠다는 것이 그의 속마음이었습니다. 그냥 번거롭게 계속 찾아갔더니 재판장이 괴로워서 들어준 것입니다. 결국 과부의 끈기가 일한 것입니다. 여인의 불쌍한 처지도 아니고, 성품도 아니고, 평판도 아닙니다. 단지 낙심하거나 포기하지 않는 끈기로 인해 괴로워서 들어준 것입니다. 여기서 우리는 끈기가 일했다는 부분에 주목해야 합니다.

영국의 시인 겸 평론가인 새뮤얼 존슨(Samuel Johnson)은 "진정 위대한 일은 힘에 의해서가 아니라 끈기에 의해 이루어진다"라고 말했습니다. 또한 미국의 제30대 대통령인 캘빈 쿨리지(Calvin Coolidge)는 이렇게 말했습니다. "이 세상에 끈기를 대신할 수 있는 것은 없다. 재능도 대신할 수 없다. 재능이 있지만 성공하지 못한 사람은 너무나 많다. 천재성도 대신할 수 없다. 빛을 보지 못한 천재는 널려 있다. 교육도 대신할 수 없다. 이 세상은 교육받은 부랑자들로 가득하다. '끝까지 밀고 나가라'라는 구호가 여태까지 인류의 문제를 해결해 왔고, 앞으로도 그럴 것이다."

운동도 지속적으로 해야 유익이 있듯이 무슨 일이든지 끈기가 있어야 합니다. 기도도 마찬가지입니다. 재판장이 속으로 귀찮아서 원한을 풀어 주어야겠다고 마음먹었는데, 과부가 그 사실을 모른 채 '이제 안 될 것 같아' 하고는 다음 날 재판장을 찾아가지 않았다면 결국 응답은 이루어지지 않았을 것입니다.

석공이 큰 돌을 쪼개기 위해서 망치로 돌을 100번 내려쳤습니다. 하지만 돌에는 아무런 변화가 없었습니다. 그런데 101번째 망치를 내려치자 돌이 둘로 쩍 갈라졌습니다. 마지막 타격만으로 돌이 갈라진 것이 아닙니다. 하지만 101번째 망치질이 없었다면 돌은 갈라지지 않았을 것입니다. 우리는 끝까지, 응답받을 때까지 낙심하지 말고 기도해야 합니다.

끈기 있는 기도가 차이를 만든다

어떤 사람은 '나는 원래 끈기가 없는데, 나같이 의지력이 약하고 마음과 몸이 연약해 쉽게 낙심하고 주저앉는 사람은 어떻게 하지?'라고 생각할지 모릅니다. 우리 예수님의 복음은 강자를 향한 권면이 아니라, 약자를 위한 소식이라는 사실을 늘 인식해야 합니다. 주님의 말씀은 체력이 강한 사람, 강인한 의지를 가지고 태어난 사람만 따라 할 수 있는 게 아닙니다. 오히려 주님이 어떤 명령을 하실 때에는, 이미 그렇게 할 수 있도록 능력과 자원을 주신 후에 말씀하십니다. 주님이 우리에게 과부와 재판장의 비유를 들려주신 까닭은 이미 우리 안에 끈기의 유전자가 있기 때문입니다.

믿음의 조상 아브라함의 특징이 무엇입니까? 100세에 자녀를 낳는, 불가능해 보이는 상황에서도 바랄 수 없는 것을 바라던 끈질긴 믿음입니다. 바로 이러한 끈기의 유전자가 이미 우리 안에 있다는 사실을 우리는 기억해야 합니다. 믿음의 주인 그리스도가 보여 주신 모범도 늘 습관적으로, 심지어 겟세마네 동산에서 땀방울이 핏방울이 되기까지 기도하신 것입니다. 그 성령님이 우리에게 기도를 가르쳐 주시고, 끈질기게 기도하도록 우리를 도와주십니다. 그러므로 이미 믿음의 사람 안에는 과부처럼 억울한 일 앞에서 낙심하지 않을 수 있는 유전자가 있습니다. 무정한 재판장 같은 사람 앞에서도 기죽지 않는 유전자가 있습니다. 매일 무시와 모욕을 당해도 물러서지 않는 유전자가 있습니다. 이미 그 믿음의 유전자를 물려받은 것입니다.

우리는 끈질기게 기도할 수 있는 유전자를 가진 사람, 끈질기게 기도할 수 있는 체질의 사람입니다. 이 사실을 기억하고 무릎 꿇어 보십시오. 어떤 상황에서도 낙심하지 않고 기도할 수 있게 될 것입니다.

"그가 얼마 동안 듣지 아니하다가"(눅 18:4). 본문 4절을 보면 재판장이 얼마간 들어주질 않습니다. 끈기 있게 노력하고 두드려도 열리질 않습니다. 한 달 작정 기도를 했는데도 안 된다, 그러면 포기하기 쉽습니다. 하지만 과부는 일이 더 디다고 낙심하지 않았습니다. 오히려 이 재판장은 과부가 다시 올 거라고 확신합니다. 인내는 바로 우리 믿음의 선진들의 대표적인 특징입니다. 이 끈기가 우리의 유전자인 것입니다.

어느 트레이너에게 "최고의 선수와 보통 선수의 차이는 무엇입니까?"라고 물었습니다. 그는 이렇게 답했습니다. "매일 하는 훈련에서 오는 지루함을 견디는가, 아닌가의 차이에 달려 있습니다." 그리스도인의 차이도 이 한 가지에 달려 있습니다. 얼마나 끈기 있게 기도하느냐가 차이를 만드는 것입니다. 우리는 우리 안에 있는 영적인 끈기를 발휘해야 합니다.

최적의 타이밍에 받는 하나님의 응답

왜 우리는 낙심하지 않고 끈기 있게 기도해야 할까요? 하나님이 좋으신 분이기에 그렇습니다. 본문에서 기도를 들으시는 우리 하나님은 재판장과는 전혀 다른 분임을 말해 주고 있습니다. "하물며 하나님께서 그 밤낮 부르짖는 택하신 자들의 원한을 풀어 주지 아니하시겠느냐 그들에게 오래 참으시겠느냐"(눅 18:7).

재판장은 처음부터 가난한 과부의 원한에는 관심이 없었습니다. 그녀의 간청을 듣지 않았습니다. 하지만 하나님은 당신의 백성이 원한으로 부르짖는 기도를 들으시는 분입니다. 또한 하나님은 그들의 부르짖음을 듣고 오래 참으시는 분이 아닙니다. 재판장은 과부가 몇 번을 찾아갔으나 거절했습니다. 하지만 하나님은 속히 원한을 풀어 주시는 분입니다. "내가 너희에게 이르노니 속히 그 원한을 풀어 주시리라"(눅 18:8).

물론 하나님의 시간표는 우리의 시간표와 달라서 좀 늦다고 느낄 수도 있습니다. 하지만 하나님의 응답은 언제나 최적의 타이밍입니다. 우리에게 가장 적합한 때입니다.

예수님은 일부러 하나님을 재판장과 대조하셨습니다. 만

약 하나님이 재판장처럼 연약한 우리에게 관심이 전혀 없는 신이시라면, 사실 우리의 끈기가 반드시 보상받으리란 보장은 없습니다. 또 정말 건강하고 의지력 있고 신심이 깊은 신자들이 천일기도 등을 해야 응답을 받을 것입니다.

여기서 주님은 기독교의 기도가 지성감천, 공로 등을 요구한다고 가르치시는 것이 아닙니다. 하나님은 그런 분이 아니시라는 것입니다. 하나님은 우리의 참 좋은 아버지시라는 것을 말씀하신 것입니다. 우리를 누구보다 사랑하는 좋은 아버지시라면, 좀 더딘 것 같고 세상이 어두운 것 같아도 끝까지 하나님을 기대하고 기도해야 한다는 의미입니다. 우리는 포기하거나 낙심하지 않고 기도를 이어 가야 합니다. 그러면 우리의 끈기는 반드시 보상받을 것입니다. 오히려 낙심해 중도에 포기하면 큰 손해가 될 것임을 기억해야 합니다.

심판에 맡기고 너는 기도하라

주님은 과부와 재판장 비유를 말씀하신 이후에 "그러나 인자가 올 때에 세상에서 믿음을 보겠느냐"(눅 18:8하)라고 말씀하셨습니다. 인자가 오실 때, 세상이 타락해서 주님의 심판이 노아 때처럼 임할 때, 과연 그때도 깨어 기도하는 자가 있겠느냐는 것입니다. 무슨 의미입니까? 세상이 아무리 어두워져도 깨어서 기도하라는 것입니다. 결국 모든 억울함을 풀어 주고 공의로 심판하실 주님이 오십니다.

아무리 세상이 어둡고 하나님이 안 계신 것 같아도 기도하는 사람은 언제나 하나님을 경험합니다. 낙심하지 않고 기도하는 사람은 하나님의 응답과 그분의 통치를 자기 삶의 현장에서 경험합니다. 하나님을 믿는 믿음이 점점 없어져 세상이 어두워지고 타락해 가도, 기도하는 사람만큼은 살아 계신 하나님을 경험합니다. 하나님은 우리 삶의 현장에서 공의로 통치하고 계십니다. 그리고 심판의 날, 그날에도 기도하며 주님을 기다리는 사람은 주님을 만나게 될 것입니다.

이 세상이 점점 어두워져 가고 하나님이 안 계신 것 같습니까? 어쩌면 그것은 기도를 잃어버린 사람의 탄식일 수 있습니다.

끝까지 기도해야 산다

유명한 소설 《바람과 함께 사라지다》를 쓴 마거릿 미첼(Margaret Mitchell)은 다리를 저는 장애를 갖게 된 이후 7년 동안 그 소설을 썼습니다. 원고를 들고 여러 출판사를 찾아다녔지만 번번이 거절당했습니다. 그러나 포기하지 않았습니다.

하루는 맥밀란 출판사의 레이슨 사장이 기차를 타고 출장 간다는 소식을 듣고 기차역으로 찾아갔습니다. 그리고 원고 뭉치를 건네면서 "제발 이 원고를 한 번만이라도 읽어 주세요!" 하고 간청을 했습니다. 사장은 귀찮지만 일단 원고를 받아서 가방에 집어넣었습니다. 하지만 전혀 읽을 마음은 없었습니다.

사장이 기차를 타고 한참 가는데 기차 안에서 전보가 하나 날라왔습니다. 마거릿 미첼이 "제발 저의 원고를 읽어 주세요"라는 내용으로 보낸 전보였습니다. 그는 웃으면서 전보를 찢어 버렸습니다. 이튿날, 또 그 이튿날, 출장 간 일주일 내내 같은 내용의 전보가 왔습니다. 사장은 귀찮아 견딜 수가 없어서 저녁에 시간을 내어 원고를 읽었습니다. 그런데 원고가 너무 재미있고 감동이 되어서 새벽까지 잠을 자지 않고 읽었습니다. 그래서 《바람과 함께 사라지다》라는 소설이 출간되었고, 이후 영화화되어 수많은 사람의 사랑을 받게 되었습니다.

우리도 이처럼 하나님에게 기도하되, 낙심하지 않고 지속적으로 기도해야 합니다. 끈기 있게 기도하는 우리의 삶 속에 주님이 함께하실 것입니다.

나눔   재판장과 대비하여 우리 하나님은 어떤 분이신지를 적어 보고, 그러한 하나님의 성품 중에 당신에게 가장 격려가 되는 것은 무엇인지, 왜 그런지 이야기해 보세요.

적용   낙심해서 기도하기를 포기한 적이 있나요? 기도는 우리 힘으로 되는 것이 아닙니다. 하나님은 끈기 있게 기도할 수 있는 유전자를 우리에게 주셨습니다(롬 4:17-21; 눅 3:21, 4:1, 42, 6:12, 9:28, 11:1, 22:39-46; 롬 8:26-27 참조). 지금 당신의 삶에서 끈질기게 기도해야 할 일들을 기도 제목으로 올리고 끝까지 기도하게 해 달라고 기도합시다.

그리스도인의 차이는 끈기 있는 기도에서 나온다!

성경은 우리에게 끈질기게, 지속적으로, 끝까지 낙심하지 말고 기도하라고 가르칩니다. 그 이유는 끈기 그 자체가 일하기 때문입니다. 우리는 끈질기게 기도할 수 있는 유전자를 가진 사람, 끈질기게 기도할 수 있는 체질의 사람입니다. 이 사실을 기억하고 무릎 꿇으면 어떤 상황에서도 낙심하지 않고 기도할 수 있게 될 것입니다.

하나님은 우리 기도를 들으시는 분이다!

우리가 낙심하지 않고 끈기 있게 기도해야 하는 이유는, 하나님이 좋으신 분이기 때문입니다. 물론 하나님의 시간표는 우리의 시간표와 달라서 좀 늦다고 느낄 수도 있습니다. 하지만 하나님의 응답은 언제나 최적의 타이밍입니다. 하나님에게 기도하되 낙심하지 않고 기도해야 합니다. 끈기 있게 기도하는 우리의 삶 속에 주님이 함께하실 것입니다.

함께 기도합시다.

주님, 기도하되 낙심하지 말게 하시고 끈기 있게 기도하게 하소서. 이미 우리 안에 끈기의 유전자가 있으니 성령님의 능력을 의지하여 날마다 예수님처럼 끈기 있게 기도하게 하소서. 좋으신 하나님은 밤낮 부르짖는 성도들의 기도를 속히 응답해 주실 줄 믿습니다. 원한, 억울함을 풀어 주시고 고통에서 구원해 주실 줄 믿습니다. 주님의 나라가 임하고 주님의 약속이 이루어질 줄 믿습니다. 오늘도 간절히 끈기 있게 기도함으로 승리하게 하소서. 아멘.

기도의 제1법칙, 은혜만 바라봅니다

하나님의 은혜와 긍휼을 의지할 때 끝까지
끈질기게 강청하며 기도할 수 있습니다.

"예수께서 일어나사 거기를 떠나 두로 지방으로 가서 한 집에 들어가 아무도 모르게 하시려 하나 숨길 수 없더라 이에 더러운 귀신 들린 어린 딸을 둔 한 여자가 예수의 소문을 듣고 곧 와서 그 발 아래에 엎드리니 그 여자는 헬라인이요 수로보니게 족속이라 자기 딸에게서 귀신 쫓아내 주시기를 간구하거늘 예수께서 이르시되 자녀로 먼저 배불리 먹게 할지니 자녀의 떡을 취하여 개들에게 던짐이 마땅치 아니하니라 여자가 대답하여 이르되 주여 옳소이다마는 상 아래 개들도 아이들이 먹던 부스러기를 먹나이다 예수께서 이르시되 이 말을 하였으니 돌아가라 귀신이 네 딸에게서 나갔느니라 하시매 여자가 집에 돌아가 본즉 아이가 침상에 누웠고 귀신이 나갔더라"(막 7:24-30).

기도는 중요합니다. 우리는 이처럼 중요한 기도를 우선적으로 해야 하고, 또 지속적으로 해야 합니다. 그래서 성경은 기도를 이야기할 때 '쉬지 말고', '항상'이라는 수식어를 붙입니다. 끈기 있게 강청하며 기도하라고 합니다. 그런데 이렇게 기도하려면 넘어야 할 중요한 시험이 있습니다. 그것은 바로 자격 시험입니다.

본문에 등장하는 인물은 수로보니게 여인으로서 이방 여인인데, 그녀의 딸이 귀신이 들렸습니다. 보통 아이들이 잠들 때 부모에게 꼭 해 달라고 부탁하는 기도가 있습니다. 무서운 꿈을 꾸지 않게 해 달라는 것입니다. 그런데 그 어린 딸이 귀신이 들렸으니, 밤마다 악몽을 꾸고 불안과 두려움으로 자해하며 괴로워하는 딸의 모습을 바라보는 부모의 심정이 어떠했을까요.

병행 구절인 마태복음 15장 22절에서 여인은 예수님을 향해 "나를 불쌍히 여기소서"라고 말했습니다. 귀신 들린 사람은 딸인데, 예수님에게 어머니인 자신을 불쌍히 여겨 달라고 합니다. 이처럼 딸의 생명은 어머니의 생명과 연결되어 있는 것입니다. 딸의 고통을 지켜보는 어머니의 마음은 더 아프고 괴로운 법입니다. "나를 불쌍히 여기소서"라는 부르짖음 속에 어머니의 간절한 심정이 그대로 나타나 있습니다.

자격 시험에 통과

그런데 주님은 이 여인에게 뜻밖의 말씀을 하셨습니다. "예수께서 이르시되 자녀로 먼저 배불리 먹게 할지니 자녀의 떡을 취하여 개들에게 던짐이 마땅치 아니하니라"(막 7:27). 다시 말해, 이방인인 여인은 개와 같다는 뜻이요, 자격이 없다는 의미입니다. 너무나 가혹하지요. 왜 이렇게 말씀하셨을까요?

본문을 보면 이것이 시험임을 알 수 있습니다. 주님이 여인의 믿음을 시험하신 것입니다. 그리고 이 여인을 향한 주님의 시험은 오늘 우리를 향한 시험이기도 합니다. 그 시험은 바로 자격 시험입니다.

우리가 주님 앞에 기도하러 나아갈 때 생기는 문제가 무엇입니까? 바로 자격 문제입니다. 하나님에게 기도드릴 때 '과연 내가 주님에게 기도 응답을 받을 자격이 있는가?' 하는 질문이 생기지 않습니까? 특히 어렵고 간절한 문제일수록 자격에 대한 물음이 거듭 생깁니다. '평소에 봉사도 잘 못하고, 십일조도 제대로 못하고, 착하게 살지도 못했는데 상황이 다급하다고 이렇게 뻔뻔스럽게 기도하는 나의 기도를 주님이 들어주실까?' 바로 이것이 자격 시험입니다.

자격 시험을 통과하지 못하면 간절하게, 끈기 있게 기도하기가 어렵습니다. 많은 성도가 여기서 넘어집니다. 하나님 앞에 기도하러 와서는 자신은 기도 응답을 받기에는 너무 죄를 많이 지었다며, 너무 게을렀다며 자격 시험에 걸려서 한숨만 쉬다 돌아가는 것입니다.

나의 공로가 아니라 십자가 은혜

그러면 여인은 어떻게 이 기도의 시험을 넘겼을까요? 여인의 대답을 보십시오. "주여 옳소이다마는 상 아래 개들도 아이들이 먹던 부스러기를 먹나이다"(막 7:28). 무슨 의미입니까? '그렇습니다. 주님, 저는 개와 같이 자격 없는 죄인입니다. 하지만 개도 주인의 상에서 떨어지는 부스러기를 먹듯이, 제가 구하는 것은 정당한 권리를 가진 유대인들, 즉 당신의 자녀들이 먹다 남은 부스러기입니다. 은혜의 부스러기입니다.' 자신은 비록 자격이 없지만, 자격 없는 자에게 베푸시는 은혜를 달라고 간구한 것입니다.

이에 주님이 어떻게 말씀하셨습니까? "예수께서 이르시되 이 말을 하였으니 돌아가라 귀신이 네 딸에게서 나갔느니라 하시매"(막 7:29). "이 말을 하였으니"라는 말씀이 중요합니다. 주님은 여인의 고백 속에서 믿음을 보셨습니다. 어떤 믿음입니까? 바로 자신의 자격이 아니라 자격 없는 자에게 하나님이 주시는 부스러기, 즉 은혜를 의지하는 모습입니다.

실제로 이스라엘 백성은 농사를 짓고 추수할 때 밭의 모퉁이를 남겨 둡니다. 이삭이나 과일을 다 줍거나 따지 않고 남겨 두는데, 그 이유는 과부나 고아, 이방인을 위한 것입니다. 자격 없는 이방인을 위해서도 부스러기를 마련해 놓는 은혜로우심이 바로 하나님의 성품입니다. 여인은 예수님이 바로 그 하나님의 은혜의 나타나심이요, 선물이심을 알고 있었기에 그 은혜에 호소한 것입니다.

여인은 자신의 공로, 자신의 자격이 아니라 하나님이 자격 없는 자신을 위해 예비해 주신 은혜, 주님의 십자가 은혜를 의지했습니다. 자신의 공로의 이름으로 기도한 것이 아니라 주님의 이름으로 기도한 것입니다. 주님은 이것을 가리켜 믿음이라고 말씀하셨습니다. 내 공로나 자격이 아니라, 오직 우리 주님이 십자가에서 이루신 공로로 기도하는 것, 그 은혜를 의지하는 것이 바로 믿음의 기도입니다. 우리는 믿음으로 기도할 때 응답받습니다.

은혜의 문을 담대하게 열고 들어간다

우리는 우리도 모르는 사이에 공로의 이름으로 기도할 때가 많습니다. '착하게 살았으니 하나님이 내 기도를 들어주실 거야. 봉사했으니 응답하실 거야.' 이런 생각으로 하는 모든 기도가 내 공로를 의지해 드리는 기도입니다. 나도 모르게 주님의 이름이 아니라 '지성이면 감천'이라는 공로의 이름으로 기도하는 것입니다. 이것이 기도의 장애물입니다. 우리의 공로로 우리가 천국에 갈 수 없다면 우리의 공로로 기도 응답을 받을 수도 없습니다. 하나님 앞에서 우리의 의는 더러운 옷과 같습니다.

사실 제게도 비슷한 경험이 있습니다. IMF로 나라 경제가 파산이 되고 부동산이 급락할 때 저는 어리석게도 전셋집이 만기도 안 되고 나가지도 않았는데 마음에 드는 다른 전셋집을 계약해 버렸습니다. 결국 돈을 빌려서 전세금을 지불했습니다. 빨리 이 집이 나가게 해 달라고 기도하는데, 그때 문득 마음속에 이런 생각이 들었습니다. '너, 헌금 생활 제대로 했냐? 너, 숨은 죄는 없냐?' 자격 시험에 든 것입니다. 그래서 이후 헌금도 더 열심히 하고, 회개도 더 자주 했습니다.

그런데도 집이 나가지 않았습니다. 그렇게 매일 기도하는데 어느 순간 주님이 제게 물으셨습니다. "너, 지금 뭐 하냐? 네가 언제부터 너 자신의 자격과 공로를 들고 나왔느냐?" 그

때 번개처럼 제 문제를 깨달았습니다. 믿음으로 기도하지 못했던 것입니다. 그래서 그때부터는 저 자신의 어떠함에서 떠나 오직 주님의 공로만 바라보고, 주님의 긍휼만 바라보고 기도했습니다. 그런데 그렇게 기도하고 며칠 후, 시세보다 비쌌는데도 전셋집이 나갔습니다.

그 순간, 저는 이 말씀이 생각났습니다. "그러므로 우리는 긍휼하심을 받고 때를 따라 돕는 은혜를 얻기 위하여 은혜의 보좌 앞에 담대히 나아갈 것이니라"(히 4:16). '기도는 나의 자격이 아니라 하나님의 은혜에 전적으로 의존하는 행위이며, 하나님의 호의를 믿고 우리의 필요를 담대하게, 뻔뻔하게 구하는 행동이다'라는 사실을 깨달았습니다. 이것이 기도의 기본적인 정의입니다.

물론 우리가 죄를 품으면 주님은 우리의 기도를 듣지 않으십니다. 우리는 언제나 기도할 때 주님 앞에 죄를 자백하고 회개해야 합니다. 죄를 자백하면 주님은 용서하시고 우리의 기도를 들어주십니다. 우리가 완전해야 기도를 들어주시는 것이 아닙니다. 우리가 착해야 기도를 들어주신다면 과연 그 착함의 정도가 어느 정도나 되어야 하겠습니까.

있는 모습 그대로 하나님 앞에 나아가십시오. 연약하면 연약한 대로, 죄 되면 죄 된 대로 하나님에게 자백하고 긍휼을 의지하며 나아가십시오. 담대히 나아가십시오. 뻔뻔하게 믿음으로 나아가십시오. 그것이 바로 기도의 보좌로 들어가는 은혜의 문입니다.

세리와 바리새인이 성전에 올라가 기도했습니다. 세리는 "하나님이여 불쌍히 여기소서 나는 죄인이로소이다"(눅 18:13)라고 기도했고, 바리새인은 "하나님이여 나는 … 이 세리와도 같지 아니함을 감사하나이다 나는 이레에 두 번씩 금식하고 또 소득의 십일조를 드리나이다"(눅 18:11-12)라고 기도했습니다. 결국 기도 응답은 세리가 받았습니다.

우리의 공로는 오히려 기도의 장애물이 됩니다. 우리의 선행은 주님의 은혜에 감사해서 나타나는 열매지, 주님의 선물을 받아 내기 위한 흥정 도구나 공로가 결코 아닙니다.

하나님의 은혜와 긍휼을 의지할 때 끝까지 끈질기게 강청하며 기도할 수 있습니다. 기도하다가 자격 시험이 찾아올 때 수로보니게 여인처럼 "주여, 맞습니다. 저는 자격이 없습니다. 그래서 주님의 은혜만 바라봅니다"라고 고백하며 나아가십시오. 그렇게 은혜만 붙들고 끈질기게 기도하십시오. 주님이 응답해 주실 것입니다.

나눔	'평소에 주를 위해서 한 일도 없는데, 다급하다고 드리는 이 뻔뻔한 기도를 주님이 들어주실까?'라는 생각으로 기도를 주저한 적은 없나요? 자격의 부족함을 경험한 적이 있다면 이야기해 보세요.
적용	지금 당신의 기도는 은혜에 기대고 있나요, 아니면 공로를 내세우고 있나요? 예수 그리스도가 나를 위해 하신 일을 기억하며 은혜에 기대어 간절히 드릴 기도 제목을 적어 봅시다.

믿음은 자격을 따지지 않는다!

끈기 있게 강청하며 기도하려면 넘어야 할 중요한 시험이 있는데, 바로 자격 시험입니다. 예수님은 귀신 들린 딸을 둔 수로보니게 여인의 자격을 시험하셨습니다. 그때 여인은 자신의 공로가 아니라 주님의 십자가 은혜를 의지했고, 주님은 이것을 가리켜 믿음이라고 말씀하셨습니다. 우리는 믿음으로 기도할 때 응답받습니다.

자격이 아닌 은혜로 담대하게 기도하라!

있는 모습 그대로 하나님 앞에 나아가십시오. 연약하면 연약한 대로, 죄 되면 죄 된 대로 하나님에게 자백하고 긍휼을 의지하며 담대히 믿음으로 나아가십시오. 그것이 바로 기도의 보좌로 들어가는 은혜의 문입니다. 기도하다가 자격 시험이 찾아올 때 수로보니게 여인처럼 은혜만 붙들고 끈질기게 기도하면 주님이 응답해 주실 것입니다.

함께 기도합시다.

||||||||||||||||||||||||||||||||||||||||||||||||||||||||||||||||||||||||||||||||||

하나님 아버지, 우리 모습을 생각하면 언제나 우리는 자격이 없습니다. 우리 공로와 선행으로는 아버지 앞에 나아갈 수 없습니다. 그래서 자비로우신 하나님은 우리를 대신하여 당신의 아들을 십자가에 못 박으시고, 우리의 모든 죄를 사하시고 우리에게 의의 옷을 입혀 주셨습니다. 오직 우리 주 예수 그리스도의 공로를 의지하여 은혜의 보좌 앞에 나아가게 하셨습니다. 오늘도 이 믿음으로 나아가길 원합니다. 오직 주님의 십자가만 바라보면서 있는 모습 그대로 자격 없지만 은혜에 의지하여 나아가길 원합니다. 담대하게 나아가길 원합니다. 입을 크게 벌리기를 원합니다. 오늘도 우리의 목소리 듣기를 기뻐하시는 하나님 앞에 이 믿음을 가지고 담대하게 기도할 때, 놀라운 은혜를 경험하고, 응답을 경험하고, 기적을 경험하고, 치유를 경험할 수 있도록 축복하여 주시옵소서. 아멘.

기도의 제2법칙, 약속대로 구합니다

성경은 수많은 약속으로 이루어져 있습니다.
그 약속들은 모두 우리의 기도를 기다리고 있습니다.

"그런즉 너희는 먼저 그의 나라와 그의 의를 구하라 그리하면 이 모든 것을 너희에게 더하시리라"(마 6:33).

"주님은 우리가 아뢰는 것은 무엇이든 받아 줄 만큼 크시다.

망설이지 말고 그분께 나아가라."

_ 엘리자베스 엘리엇(Elisabeth Elliot)

기도가 자란다

기도가 공로가 아니라 은혜라고 하면 사람들은 "그래서 그리
스도인들의 기도가 수준이 낮고 이기적이다"라고 말합니다.
가톨릭 신자들은 성인들의 기도문으로 기도하기에 수준이
더 높다고도 합니다. 하지만 이것은 겉모습만 보기 때문입니
다. 외식적인 경건에 불과할 수 있습니다. 하나님 앞에서 올
바른 기도는 수준 높은 기도가 아니라 수준에 맞는 기도입니
다. 우리는 자녀들이 자기 수준으로 부모 앞에 나아오기를
기뻐하지, 어른이나 종처럼 나아오기를 원하지 않습니다.

또한 부모는 자녀의 음성 그 자체를 기뻐합니다. 하나님도
마찬가지십니다. "여호와께서 내 음성과 내 간구를 들으시므

로 내가 그를 사랑하는도다"(시 116:1). 시편 기자는 '하나님이 내 음성을 들으셨다'고 고백했습니다. 엄마는 어린 아기가 잠을 자다가 깨서 울면 자신도 잠에서 깹니다. 아이가 크게 울어서 그 소리가 들리는 것이 아니라, 엄마의 사랑이 너무 커서 깊은 잠 속에서도 아이의 음성이 들리는 것입니다. 이처럼 우리의 목소리가 크고 그 내용이 고상하고 수준 높아서 하나님이 들으시는 것이 아닙니다. 하나님의 사랑이 우리의 목소리를 찾아내는 것입니다.

부모는 아이가 자기 음성으로 "엄마", "아빠"라고 말한 순간을 잊지 못합니다. 얼마나 감격스러운 순간인가요! 그것은 하나님도 마찬가지십니다. 영적으로 죽었던 우리가 거듭나서 우리의 입술을 열어 "아바 아버지"라고 부른 그 음성을 우리 주님은 너무나 기뻐하십니다. 그래서 우리가 기도하면 그 기도 내용이 아무리 유치해도 들어주십니다. 바로 이러한 과정에서 우리의 기도가 성장합니다.

자녀는 어려서 늘 부모에게 요구합니다. 입만 열면 엄마, 아빠를 부르며 무엇이든 달라고 합니다. 그렇게 부모의 은혜를 입고 자라다 어느덧 성인이 되면 부모님 생각을 해 효도하려고 합니다. "어머니, 뭐가 필요하세요? 돌침대 사 드릴게요. 아버지, 좋은 옷 한 벌 사 드릴게요." 이것이 바로 성장입니다. 자녀의 성장은 이처럼 부모의 사랑 속에서 온전히 이루어집니다.

종은 어려서부터 늘 주인의 뜻만 구합니다. 그래서 당장에는 부리기 좋습니다. 하지만 종은 결코 주인의 마음을 헤아리는 자녀처럼 성장하지 못합니다. 기도도 그렇습니다. 기도는 하나님의 은혜 속에서 성장합니다.

● 기도가 자라면 달리 보이는 것들

저 역시 처음 예수님을 믿은 후에는 한동안 거의 80퍼센트 이상 늘 저 자신을 위한 기도를 드렸습니다. 힘들고 어려운 일이 많았기 때문입니다. 그런데 주님은 그 기도에 다 응답해 주셨습니다. 그러다 보니 어느 날 마치 다윗처럼 제 마음 중심에서 하나님에게 보답하고자 하는 열망이 생겨났습니다. 놀라운 것은, 하나님의 은혜에 보답하고 싶은 마음이 생기자 안목의 변화가 일어났다는 것입니다.

가장 먼저, 성경이 달리 보였습니다. 러브스토리에서 꿈 이야기로 말입니다. 성경이 단지 나를 향한 하나님의 사랑 이야기에서 끝나는 것이 아니라 하나님의 꿈 이야기, 하나님 나라 이야기, 이 땅에 하나님 나라를 건설하는 이야기로 보였습니다. 하나님 나라를 향한 하나님의 열망이 바로 성경 이야기였습니다. 그때 저는 하나님에게 이렇게 고백했습니다. "하나님, 하나님의 꿈이 이제 제 꿈입니다. 하나님 나라가 제 나라입니다. 하나님의 사업이 제 사업입니다."

그러다 보니 하나님의 약속이 이해되었습니다. 전에는 도대체 무엇이 나를 향한 하나님의 약속인지 몰랐습니다. '과연 성경의 어떤 말씀이 나를 향한 약속인가? 이 말씀은 나에게 주신 약속인가, 아브라함에게 주신 약속인가?' 하며 의아해했습니다. 물론 그리스도 안에서 나를 향한 약속임은 알았지만, 가슴에 와닿지는 않았습니다.

그런데 제 기도가 성장해 주님의 꿈이 제 꿈이 되자 성경은 하나님의 꿈, 하나님 나라, 하나님 나라를 건설하는 데 참여하는 사람들을 향한 약속의 말씀임을 깨닫게 되었습니다. 하나님의 꿈을 제 꿈으로 삼다 보니 성경 어디를 봐도 다 저를 향한 약속의 말씀으로 여겨졌습니다.

　이후 사람들의 기도 응답 간증이 왜 점점 드물어 가는지를 이해하게 되었습니다. 대부분 기도 응답을 이야기해 보라고 하면 옛날 이야기를 합니다. 최근 기도 응답을 받은 사례가 적습니다. 이유가 무엇입니까? 기도가 성장하지 않았기 때문입니다. 늘 자신의 문제와 욕심에 사로잡혀 기도하다 보니 기도 제목이 단지 월셋집에서 전셋집으로 그리고 내 집 마련으로, 이제 더 큰 집으로, 또 두 채, 세 채 집을 마련하는 것으로 발전해 갈 뿐입니다. 이렇게 기도하면 어떻게 될까요? 기도가 응답되지 않습니다. 물론 하나님은 우리의 필요에 응답하는 분이십니다. 하지만 욕심에는 응답하지 않으십니다. 기도가 우리를 욕심꾸러기로 만드는 도구가 되지 않도록 하십니다. 우리 기도 제목이 이 정도에 그치다 보니 최근에 응답받은 사례가 없을 수밖에 없는 것입니다.

약속의 법칙을 붙들고 기도하라

아브라함을 향한 약속은 그가 고향과 친척과 아버지의 집을 떠날 때 주어졌습니다. 이처럼 약속은 우리가 인생의 방향을 주님에게 돌리고 하나님의 계획 안에서 걸어갈 때 주어집니다. 예수를 믿는다면서도 내 삶을 내 것이라 생각하며 내 꿈만 향해 나아가면, 우리 인생을 향한 하나님의 약속을 찾기가 어렵습니다. 약속은 하나님의 주도권 속에서 이루어집니다. 예수님을 믿음으로 우리 삶의 주도권은 주님에게 넘어갔습니다. 나는 죽고 예수님이 사시는 삶이 되어야 우리는 비로소 우리 삶에 주어진 풍성한 주님의 약속을 볼 수 있습니다.

하나님이 우리에게 약속하신 삶은 우리가 상상하는 것보다 크고 놀랍고 영원한 가치를 가진 것입니다. 그러므로 약속을 구하는 것은 결국은 내 인생을 향한 하나님의 뜻을 구하는 것이며, 하나님 나라와 그분의 영광을 구하는 삶인 것입니다.

대기업 총수의 자녀인데 꿈이 구멍가게를 갖는 거라면, 그를 향한 아버지의 계획은 별로 없을 것입니다. 하지만 자녀가 아버지가 가진 기업의 꿈을 함께 꾸며 그 삶을 드린다면, 그를 향한 약속과 지원은 엄청날 것입니다. 기도도 마찬가지입니다. 우리는 하나님의 꿈을 품고 기도해야 합니다. 그렇게 기도할 때, 우리는 우리가 생각하는 것보다 더 놀랍게 쓰임 받을 수 있습니다. 하나님의 꿈이 우리의 꿈이 되면 모든 약속이 내 것이 되고 그 규모도 매우 큽니다. 그만큼 기도의 응답도 커집니다.

이때 기도의 전성기가 옵니다. 이것이 기도의 진짜 맛입니다. 기도로 세상을 다스릴 때, 주님의 이름으로 세상을 통치할 때 정말 멋진 기도의 전성기를 맛볼 수 있습니다. 기도란 이처럼 엄청난 일입니다. 우리의 기도는 이렇게 성장해 갑니다. 그리고 하나님은 우리의 기도를 통해 하나님의 꿈, 하나님 나라를 이루어 가십니다.

약속이 내 삶에 현실로

여기서 우리는 기도의 또 다른 법칙을 발견합니다. 앞 장에서는 은혜의 법칙으로 기도하는 것에 대해 나누었습니다. 이

제부터는 바로 약속의 법칙으로 나아가게 됩니다. 더 이상 나를 위한 기도가 아니라, 하나님 나라를 위하고, 하나님의 약속을 구하는 기도가 나옵니다. 우리의 기도가 성장할 때, 우리는 하나님의 약속을 붙잡고 하나님의 뜻이 이 땅에 이루어지기를 기도하게 됩니다.

성경은 수많은 약속으로 이루어져 있습니다. 그 약속들은 모두 우리의 기도를 기다리고 있습니다. 우리가 기도할 때 성경에 잠자는 약속들이 오늘 우리의 현실이 되는 것입니다. 이처럼 기도가 하나님의 뜻을 이 땅에 이루는 도구로 쓰임 받을 때 우리의 기도는 정상에 이릅니다. 주님이 가르쳐 주신 기도가 그것입니다. "주의 나라가 임하소서." 이것이 우리가 하나님에게 올려 드리기를 원하는 기도요, 우리의 기도를 통해서 하나님 나라가 이 땅에 임하고 확장되어 가는 것입니다. 영혼들이 구원받고 교회가 부흥하는 것입니다.

"그런즉 너희는 먼저 그의 나라와 그의 의를 구하라 그리하면 이 모든 것을 너희에게 더하시리라"(마 6:33). 이것이 바로 약속의 법칙으로 기도하는 사람들이 받는 축복입니다. 열심히 기도하십시오. 말씀과 기도 가운데 부지런히 성장하십시오. 그리하여 기도로 주님과 통치하는 그 자리에 이르기를 바랍니다. "내게 구하라 내가 이방 나라를 네 유업으로 주리니 네 소유가 땅 끝까지 이르리로다"(시 2:8)라는 하나님의 말씀대로 열방을 구하기 바랍니다. 입을 넓게 열어 기도하십시오. 우리의 기도가 핵폭탄보다 더 강력한 기도가 될 것입니다.

나눔 그동안 당신은 당신의 기도 속에 하나님 나라가 임하도록 하기 위해 얼마나 기도했나요? 당신의 기도에서 가장 많이 차지하는 최우선은 무엇인가요?

적용 주기도문을 외우는 이유가 무엇이라고 생각하나요? 당신의 기도 제목과 주기도문을 비교하며 예수님이 알려 주신 기도 중에 어떤 기도를 더 해야 하는지 살펴보세요. 먼저 하나님 나라를 구하는 기도에 대해 하나님에게 알려 달라고 교회와 함께 기도하세요.

기도는 은혜 속에서 성장한다!

하나님 앞에서 올바른 기도는 수준에 맞는 기도입니다. 우리가 기도하면 하나님은 그 기도 내용이 아무리 유치해도 들어주십니다. 기도는 하나님의 은혜 속에서 성장합니다. 하나님의 꿈이 우리의 꿈이 되면 모든 약속이 내 것이 되며 기도의 응답도 큽니다. 하나님과 더불어 세상을 다스릴 때 기도의 전성기가 찾아옵니다.

기도가 성장하면 하나님의 약속이 보인다!

우리가 기도할 때 성경에 잠자는 약속들이 오늘 우리의 현실이 됩니다. 기도가 하나님의 뜻을 이 땅에 이루는 도구로 쓰임 받을 때 우리의 기도는 정상에 이릅니다. 우리의 기도를 통해서 하나님 나라가 이 땅에 임하고 확장되어 갑니다. 영혼들이 구원받고 교회가 부흥합니다. 입을 넓게 열어 기도하십시오. 우리의 기도가 핵폭탄보다 더 강력한 기도가 될 것입니다.

함께 기도합시다.
||||||||||||||||||||||||||||||||||||||||||||||||||||||||||||||||||||||||||||||||||||||||||||||||

하나님, 하나님에게는 우리 인생을 향한 계획이 있으
십니다. 우리를 이 세상에 거저 왔다가 끝나는 인생
이 아니라 하나님의 크신 계획에 쓰임 받게 하시고,
영광스러운 사역의 일꾼으로 불러 주셔서 감사합니
다. 아브라함에게 약속하신 대로, 내가 너로 큰 민족
을 이루며, 네 이름을 창대하게 하겠다고 하신 약속
이 우리 삶에 이루어질 줄 믿습니다. 우리 마음속에
하나님 나라를 향한 열정이 가득하게 하옵소서. 내가
주님에게 쓰임 받는 것이 가장 큰 소원이 되게 하옵
소서. 먼저 주님의 나라를 구할 때 우리에게 당신의
약속을 이루어 주시고, 많은 것을 맡겨 주시며, 우리
걸음을 사용해 주실 줄 믿습니다. 이 일을 위해 기도
하는 삶이 되게 해 주시고, 오늘도 하늘 문을 열어 우
리 기도에 응답해 주옵소서. 아멘.

◀ 12 ▶

기도하면 달라지는
열두 번째 변화

평생 기도로 주님과 동행합니다

기도로 날마다 하나님과 동행할 때,
우리는 타락한 세상을 이기고 구원의 길을 걸어가게 됩니다.

"에녹은 육십오 세에 므두셀라를 낳았고 므두셀라를 낳은 후 삼백 년을 하나님과 동행하며 자녀들을 낳았으며 그는 삼백육십오 세를 살았더라 에녹이 하나님과 동행하더니 하나님이 그를 데려가시므로 세상에 있지 아니하였더라"(창 5:21-24).

"기도가 아침의 열쇠가 되고
저녁의 자물쇠가 되게 하라."

_ 매튜 헨리(Matthew Henry)

우리는 평생 기도해야 합니다. 이 장의 본문은 평생 주님과
동행했던 에녹의 이야기입니다. 에녹은 300년 동안 하나님
과 동행하다가 승천했습니다. 이 에녹의 이야기가 우리에게
가르쳐 주는 교훈은 무엇일까요?

주님과 함께 세상을 이긴다

"므두셀라를 낳은 후 삼백 년을 하나님과 동행하며 자녀들을
낳았으며"(창 5:22). 에녹은 므두셀라를 낳은 후에 하나님과 동
행했습니다. 므두셀라는 성경에서 가장 오래 산 사람으로,
그의 이름에는 특별한 의미가 담겨 있습니다. '그가 죽으면

심판이 시작된다'는 것입니다. 실제로 므두셀라가 죽던 해에 노아의 홍수가 시작되었습니다. 즉 이는 에녹이 므두셀라를 키우며 살아가는 동안에 그 시대의 타락이 점점 극에 달하고, 결국 멸망의 심판이 임할 것이라는 말씀인 것입니다.

그런데 바로 그 므두셀라를 낳은 후에 에녹이 하나님과 동행했다고 성경은 기록하고 있습니다. '과연 마지막 때를 살아가는 방법은 무엇인가? 어떻게 해야 심판을 대비할 수 있는가?'를 에녹이 보여 준 것입니다. 그 방법은 바로 하나님과 동행하는 것입니다. 그래서 에녹은 300년 동안이나 하나님과 매일 친밀하게 교제하고 의논하며 일평생 동행했습니다.

그랬을 때 그 삶의 결론이 무엇입니까? 그렇게 하나님과 동행한 에녹을 하나님이 어느 날 데려가셨다는 것입니다. "에녹이 하나님과 동행하더니 하나님이 그를 데려가시므로 세상에 있지 아니하였더라"(창 5:24). 여기서 데려가셨다는 말은 에녹이 죽음의 과정을 거치지 않고 하나님이 계시는 하늘로 옮겨졌다는 뜻입니다. 한마디로 승천했다는 것입니다. '승천'이라는 단어는 아주 중요한 의미를 담고 있는 신학적인 사건입니다. 이것은 하나님이 에녹을 인정하셨다는 뜻입니다. 에녹이 살아온 삶의 방식, 즉 하나님과 동행하는 삶의 방식을 하나님이 인정하셨다는 의미입니다.

히브리서 11장 5절은 에녹에 대해 "그는 옮겨지기 전에 하나님을 기쁘시게 하는 자라 하는 증거를 받았느니라"라고 말씀합니다. 에녹이 매일 하나님과 동행한 삶이 하나님을 기쁘시게 했다는 것입니다. 그래서 그를, 그의 삶을 그 시대 속에 모델로 세우셨다는 뜻입니다. 노아 시대 사람들 앞에는 심판이 놓여 있었습니다. 어떻게 심판을 대비하는 삶을 살아야 할까요? 바로 에녹처럼 살라는 것입니다.

결국 홍수는 일어났고, 그 시대 사람들이 전멸할 때 오직 노아와 그 가족만 구원받았습니다. 노아는 어떻게 그 심판에서 살아남을 수 있었을까요? "노아는 의인이요 당대에 완전한 자라 그는 하나님과 동행하였으며"(창 6:9하). 그 시대에 노아는 의인이었고 완전한 자였습니다. 노아가 의인으로, 완전한 자로 살아갈 수 있었던 이유가 바로 하나님과의 동행입니다. 노아는 에녹이 보여 준 대로 하나님과 동행하며 살았던 것입니다. 매일 하나님과 동행하며 살았더니 타락한 그 시대에 물들지 않고 의인이요, 당대에 완전한 자로 하나님에게 인정받은 것입니다.

이것이 에녹의 하나님과의 동행이야기를 통해 우리에게 주는 메시지입니다. 세상의 타락에 물들지 않고 시대를 이기는 방법은 오직 한 가지, 하나님과 동행하는 것이라는 말씀입니다. 하나님은 사람들에게 그 사실을 알려 주려고 에녹을 승천시키신 것입니다. "너희가 이 마지막 때에 구원받고 싶으냐? 내가 승천시킨 에녹을 보라. 그가 한 것처럼 나와 동행하라"는 것입니다. 하지만 노아 시대에는 노아와 그의 가족 외에 어느 누구도 구원받지 못했습니다.

그래서 하나님은 이 마지막 시대에 당신의 아들 그리스도를 이 땅에 보낸 후 하늘로 올리셨습니다. 그리고 이제 장차 예고된 심판의 날을 면하려면 그리스도를 바라보라고 하십니다.

그리스도처럼 완전하게 하나님과 동행하신 분은 없습니다. 그리스도는 이 땅에서 완전한 의인으로서 율법의 요구대로 살아가셨고, 인류의 구원자로 자신을 드리는 삶을 사셨습니다. 그것이 어떻게 가능했습니까? 하나님과의 동행이 그

비결입니다. 하나님은 당신과 동행하신 주님을 높이 승천시키신 후 우리의 주요, 모델로 세우셨습니다.

그리스도는 하나님과 동행하는 모범을 우리에게 보여 주셨고, 동시에 하나님에게 나아가는 길이 되어 주셨습니다. 그러므로 우리는 그리스도 안에서 에녹보다 더 분명히 하나님과 교제하며 동행할 수 있습니다. 이것만이 우리가 이 세상의 물결에 휩쓸려 타락하지 않을 수 있는 유일한 방법입니다.

● 하나님과의 평생 동행

그렇다면 에녹은 어떻게 날마다 주님과 동행했을까요? 그 대답이 히브리서 11장 6절에 기록되어 있습니다. "믿음이 없이는 하나님을 기쁘시게 하지 못하나니 하나님께 나아가는 자는 반드시 그가 계신 것과." 에녹은 하나님에게 나아갔습니다. 즉 기도했습니다. 그리고 기도할 때마다 하나님이 계신 것을 믿었습니다. 하나님이 자기 삶을 다스리시는 분임을 믿었던 것입니다.

"또한 그가 자기를 찾는 자들에게 상 주시는 이심을 믿어야 할지니라"(히 11:6하). 또한 에녹은 하나님이 당신을 찾는(기도하는) 자들에게 상 주시는(응답하는) 분이심도 믿었습니다. 그래서 그는 살아 계시고 기도에 응답하시는 하나님에게 나아간 것입니다. 그는 인생의 모든 염려를 가지고 주님에게 나아갔고, 중요한 결정을 놓고 기도하며 하나님과 의논했습니다. 이것이 에녹의 하나님과의 동행입니다.

히브리서는 이것이 에녹의 믿음이었다고 말씀합니다. 기도 생활이 곧 믿음 생활인 것입니다. 우리는 하나님이 내 삶을 주관하시는 분임을 믿기에 그분에게 기도합니다. 존 문로(John Munro)는 "개인 기도만큼 자기의 영적 상태를 정확히 드러내는 것은 없다"라고 말했습니다. 또한 찰스 스펄전(Charles Haddon Spurgeon)은 "교회의 상태는 그 교회의 기도 모임의 모습에 따라 정확하게 측정될 수 있다. 하나님과 가까이하는 교회는 기도하기 마련이다. 그리고 교회가 하나님과 멀어졌다는 첫 번째 증거는 바로 기도를 게을리한다는 것이다"라고 말했습니다.

또한 히브리서는 이러한 믿음이 하나님을 기쁘시게 했다

고 합니다. 하나님은 에녹이 기도하러 나오는 것을 기뻐하셨습니다. 자신의 모든 일에 대해 의논하며 주님의 도움을 요청하는 것을 기뻐하셨습니다. 그래서 하나님은 에녹이 나올 때마다 상을 주셨습니다. 즉 기도에 응답해 주신 것입니다.

하나님과의 동행은 공짜가 아닙니다. 하나님과 동행할 때마다 하나님이 상을 주십니다. 좋은 것을 주십니다. 기도가 바로 하나님과 동행하는 방법입니다. 기도로 날마다 하나님과 동행할 때, 우리는 타락한 세상을 이기고 구원의 길을 걸어가게 됩니다.

하루하루 하나님과 걷다 보면

사실 에녹 하면 승천으로 유명합니다. 승천 뒤에 가려진 것이 그의 하나님과 동행하는 삶입니다. 승천은 극적입니다. 승천이 날아가는 것이라면, 동행은 걸어가는 것입니다. 승천이 시공간을 초월하는 사건이라면, 동행은 지상에서 일어나는 일입니다. 승천이 모든 문제를 단번에 해결하는 사건이라면, 동행은 날마다 꾸준히 반복해야 하는 일입니다. 그래서 우리는 동행보다 승천에 관심이 많습니다. 하지만 동행 없이는 승천도 없습니다.

에녹은 하나님과 동행한 첫날 승천한 것이 아닙니다. 아마도 하나님과의 첫 동행은 산책 정도였을 것입니다. 그러나 조금씩 그 동행이 길어지고 깊어졌을 것입니다. 그러고는 300년이 되던 어느 날, 에녹은 하나님과 너무 멀리 동행했습니다. 다시 돌아가기엔 너무 멀었습니다. 그래서 하나님이 에녹에게 "네 집으로 가기엔 너무 멀리 왔구나. 우리 집으로 가자" 하며 데리고 가신 것입니다.

구원은 어느 순간 따 놓는 것이 아닙니다. 우리는 날마다 우리의 주님이신 하나님과 기도로 동행하며 걸어갈 때 이 세상을 닮지 않고 주님을 닮아 저 천국을 향해 가게 됩니다. 우리는 평생 기도로 주님과 동행해야 합니다.

다윗은 시편에서 자신의 기도가 주의 앞에 분향함같이 되게 해 달라고 기도했습니다. "나의 기도가 주의 앞에 분향함과 같이 되며 나의 손드는 것이 저녁 제사같이 되게 하소서"(시 141:2). 분향이란 성전에서 매일 올려 드리는 향연을 말합니다. 구약 시대에는 아침에 30분 정도, 저녁에 30분 정도 매일 향연이 올라갔는데, 자신의 기도가 이와 같이 매일 아침 저녁으로 하나님에게 올라가기를 소원한 것입니다.

이것이 우리의 평생 소원이어야 합니다. 다윗의 이 기도가 우리의 기도가 되기를 바랍니다. 에녹처럼 평생 기도로 하나님과 동행하는 삶을 살기를 기도합니다.

나눔 아래에서 세 가지를 골라 주님과 당신의 동행 변천사를 이야기해 보세요.
1. 바빠서 그렇지 생각은 늘 있다.
2. 동행한다고 하기도, 안 한다고 하기도 애매하다.
3. 필요할 땐 주 중에 연락할 때도 있다.
4. 바빠도 주일엔 꼭 찾아뵙고 시간을 가진다.
5. 매일 문안 인사 정도는 드린다.
6. 오래된 연인처럼 데면데면하다.
7. 대체로 동행하는 편이다.
8. 하루라도 주님을 못 만나면 마음이 허전하다.
9. 배우자와의 동행보다 실제적이다.
10. 매일 기쁨으로 동행한다.

적용 앞의 동행지수에서 세 개를 골라 한 해 동안 걸어갈 동행 로드 맵을 만들어 보세요. 주님과 동행하는 습관을 위해 필요한 도움은 무엇인가요? 서로에게 필요한 도움을 나누고 함께 동행 프로젝트를 세워 보세요.

기도 생활이 곧 믿음 생활이다!

타락한 세상에서 그리스도인답게 사는 방법은 한 가지, 하나님과 동행하는 삶뿐입니다. 에녹은 하나님이 자기 삶을 다스리시며, 기도할 때 응답하시는 분임을 믿었습니다(히 11:5-6). 에녹처럼 하나님과 동행하려면 기도하는 삶이 습관이 되어야 합니다.

주님이 원하시는 동행은 일상의 삶이다!

승천은 극적입니다. 승천이 날아가는 것이라면, 동행은 걸어가는 것입니다. 승천이 시공간을 초월하는 사건이라면, 동행은 지상에서 일어나는 일입니다. 승천이 모든 문제를 단번에 해결하는 사건이라면, 동행은 날마다 꾸준히 반복해야 하는 일입니다. 동행 없이는 승천도 없습니다. 우리는 날마다 우리의 주님이신 하나님과 기도로 동행하며 걸어갈 때 이 세상을 닮지 않고 주님을 닮아 저 천국을 향해 가게 됩니다.

함께 기도합시다.
||||||||||||||||||||||||||||||||||||||||||||||||||||||||||||||||||||||||||||||||||||||||||||||||||

주님, 하나님과의 동행이 평생의 습관이었던 에녹과
같이 주님과의 동행을 뜨겁게 이어 가게 하옵소서.
에녹처럼 평생 하나님과 동행함으로 다가올 심판을
대비하고 타락의 시대에 저항하며 살아가게 하옵소
서. 일상생활에서 기도로 하나님과 동행함으로 우리
믿음이 드러나게 하시고, 우리의 굳건한 믿음이 하나
님을 기쁘시게 하는 통로가 되게 하옵소서. 우리 기
도가 매일의 분향 제사처럼 아침에, 정오에, 저녁에
매일 성전에서 올려 드리는 향연이 되어 우리 평생에
지속될 수 있도록 도와주시옵소서. 평생 하나님에게
기도함으로 하나님이 예비하신 놀랍고 축복된 인생
을 살아갈 수 있도록 도와주시옵소서. 아멘.

기도는 상황이 달라지는 것이 아니라
나를 달라지게 합니다.
하나님을 바라보는 나의 시선이,
교회를 향한 나의 마음이,
이웃을 향한 나의 태도가 달라지는 것입니다.
달라진 삶, 기도로부터 시작됩니다.